ソロスは警告する

ジョージ・ソロス［著］
徳川家広［訳］　松藤民輔［解説］

超《スーパー》バブル崩壊＝悪夢のシナリオ

The New Paradigm for Financial Markets
The Credit Crisis of 2008 and What It Means

講談社

解説
「私が今までで一番勉強させてもらった本だ」

松藤　民輔

この本を手に取って、この文章に目を通すような勉強家の読者であれば、いまさら「伝説の投資家」ジョージ・ソロスについての、私の解説など不要かもしれない。一九六〇年代のアメリカで、今でいう「ヘッジファンド」を立ち上げたソロスは、その後半世紀にわたって投資活動を続け、裸一貫から総額一兆三〇〇〇億円ともいわれる個人資産を築き上げた。

現在七八歳。戦後金融業界の生き証人とも言うべき人物であり、一九八〇年から約四半世紀にわたって証券マンとして働いた当時の私にとっても尊敬と畏怖《いふ》の対象だった。何とかして彼の投資手法をマスターしようと、彼の発言や記事を集めては日々熱心に勉強したものである。

そのソロスが、二〇〇八年春に上梓《じょうし》した新著“THE NEW PARADIGM FOR FINANCIAL MARKETS”で「今年中に世界経済は、大恐慌以来の巨大バブル崩壊を迎えることになるだろう」という〝警告〟を発した。信用膨張《ぼうちょう》の飽《あ》くなき肥大化と、行きすぎた市場原理主義とによって、サブプライム・バブルをはるかにしのぐ規模にまで成長した「超《スーパー》バブル」が弾《はじ》けようとしている――という主張である。この「二〇〇八年内の世界バブル崩壊」という主張は、奇《く》しくも私が、『アメリカ経済終わりの始まり』『世界バブル経済終わりの始まり』（ともに講談社刊）などの一連の著作で、ずっと訴え続けてきた主張とも一致している。

そこで今回、このソロスの〝警告書〟の邦訳（つまりこの本のことだ）が出るのにあわせて、あらためて熟読し、自分なりに思った点、彼に同意できる点、あるいはもう少し知りたかった点などを、簡単ではあるが以下の文章にまとめてみた。この本には、特に前半部において、やや難解な文章や重複した言い回しが登場するが、それでも確信をもって私は断言したい。

★ソロスのような天才投資家に不可欠な、〝市場を読み解くための直感〟を体得する。

★ソロスのような欧米型知的エリートの思考法（モノの考え方）を身につける。

本書はこれらの目的でトレーニングするには最適の教材である――と。

「伝説の投資家」の投資法は常にシンプル

私がソロスと最初に〝取引〟をしたのは、今から一八年前にさかのぼる。

当時ソロモン・ブラザーズ証券に勤めていた私は、ブラジルやメキシコの国債を売る仕事をしていた。その時、私がある顧客に売った国債は、数ヵ月で一〇〇〇億円以上の儲けを出したのだが、その顧客が「もういいや」と売り払ったその国債を、毎日毎日何百億円という単位で、二週間連続でロンドン市場から買い続けた投資家がいた。

それがソロスだった。

当時から、彼の投資のスタンスは一貫していたように思う。世界中のマーケットに常に目を光らせ、理論価格（本来あるべき価格）から大きく乖離《かいり》している商品を探す。いったん標的《ターゲット》を定めたら、株式でも為替《かわせ》でも国債でも、とにかく一点集中、巨費を投じてひたすら売る。あるいは買う。大量に安く買って後で高く売る。あるいは大量に高く売って後から買い戻す。いずれにしてもきわめてシンプルな投資手法である。

では、ソロスはどうやって市場の流れを読み、最適の標的を見つけていたのだろうか。そのカギを握るのが、彼が独自に編み出した理論、「再帰性《さいきせい》」の理論なのである。本書の第一部「危機の全体像」（第一章～第四章）では、その「再帰性」の理論について——理論の定義、「再帰性」という着想がなぜ生まれたかなど——あらゆる角度から説明を試みている。

詳細は本文に譲《ゆず》るが、出来るだけ簡単に言えば、「再帰」とは「人間」と「周囲の出来事」の双方が、互いに影響を与えあうことで変化し続ける、相関的《そうかんてき》なイメージととらえればよい。

ソロスはこの理論を金融市場に応用する。人間は市場の動きについて理解（認知）した上で、投資などの働きかけ（操作）を行う。だが、働きかけが行われた結果、その市場は変化し、さっきまでその人間が理解していた「市場」とは別のものになっている。そのため人間は市場を〝完全に〟理解することは出来ない。だから物事を予測し、行動するにあたっては、このような「再帰」的なシステムを常に考慮すべきだ、というのがソロスの基本的な考え方だ。

彼の理論によれば、個人も金融機関も、さらには規制を行うべき金融当局も、常に間違いを犯す可能性がある。いや、間違う可能性の方がはるかに高いのだ。金融市場には、(たぶん)頭のいい金融マンたちがたくさん集まって、互いに相手の手の内を読もうと日々戦っているが、彼らの意向や言動が次々に市場に影響を与える結果、その市場はどんどん変化し、最終的に正確な読みが出来る金融マンは一人もいなくなってしまう。これは、ある意味、ものすごいことを言っている。過去や現在の指標・データから未来の値動きの動向を分析する「テクニカル分析」がまったく役に立たないと言うのに等しいからだ。

ただし、それでは、われわれがすぐに「再帰性」理論を理解し、手軽に活用出来るようになるかと言うと、それはなかなか難しいことのように思われる。ソロス自身も認めているように、「再帰」的な現象はきわめて複雑な複数の要素から成り立っており、容易に数式化、マニュアル化出来るような性質のものではないからである。

おそらくソロスは、市場の微妙な動きやデータを、彼の長年にわたる経験や独特の直感から「認知」と「操作」とに分類し、瞬時に頭の中で判断しているのではないか。これは論理的というよりも、心理学で言うところの「内観《ないかん》」的——自分の意識やその状態を自ら観察すること——な発想法に近いと私は思う。本書でも明らかなとおり、若き日のソロスが熱心に学んだのは「経済学」というよりも「哲学」や「歴史学」だった。哲学で知り得た膨大な知見を金融市場に応用し、常に考え続けていくことで、彼は独自の直感を摑《つか》んでいったのだと思われる。

おそらく、ソロスの言う発想や思考はソロスの境地に到達しないと分からないし、短期間の学習ですぐに習得出来る類のものでもないだろう。だが、たとえソロスでなくとも、ソロスのような「頭」をつくるためのトレーニングは出来るはずだ。私が冒頭で、「ソロスのような天才投資家に不可欠な、〝市場を読み解くための直感〟を体得するために、本書は最適の教材である」と断言したのは、まさにこのことを言っている。

ソロスの本が欧米のエリート志願者に読まれる理由

もう一点、本書を読んで非常に強く感じたのが、「エリート」としてのソロスの自負である。本書にも登場するように、もともとソロスはハンガリー生まれで、幼少時にはナチス・ドイツによる占領も体験している。戦後すぐにイギリス・ロンドンに移住するが、ほとんど無一文時代が続き、学費どころか生活費もままならないことさえあったようだ。彼が自他共にエリートとして認知されるのは、アメリカに渡って、投資業界で華々《はなばな》しい成功を収めた後だ。

彼は単なる投資成金ではなく、エリートとして欧米では認知されている。そしてその大きな理由は、やはり彼が「哲学」と「歴史学」をずっと学び続けてきたからではないかと私は思う。

私は八年ほど前に南アフリカで金鉱山の経営を行っていた。ある時、そこに名門ロスチャイルド家の関係者が訪れたことがある。〝オックスブリッジ〟の歴史学科を出ているその人物は、私たちに平然と「歴史を勉強していなかったら、ブタだ（人間じゃない）よ」と言い放った。特定の人間を愚弄《ぐろう》した言葉ではなく、ごく普通に口から出た言葉のように思えた。これが世界の政治経済を牛耳《ぎゅうじ》るトップ・エリートの感覚なんだなと、その時、私は痛感したものだ。

現実に、彼らエリートには彼らだけの標準《スタンダード》である「共通言語」や「共通認識」がある。そうした共通言語をもち、真のエリートたちの〝インナーサークル〟に入れるごく一部の者だけが、世界の大企業のトップとなって数十億円の年収をもらい、プライベートジェットでスイスのダボス会議に参加し、「次の金儲けのテーマは『金融』から『エコ』にしよう」などという、地球の新しいルール作りにたずさわる資格をもつ。

欧米、特にヨーロッパでは、エリートになるための教養知性として哲学や歴史学は必須科目だ。実際、どちらも彼らが己《おのれ》の理想や世界観を自分の言葉で語るのに不可欠な学問だと思う。

そういえば、哲学に精通している私の友人も「ソロスの本を読むと、世界の哲学論議ではなく、政治論議に詳しくなる」「世界の政治思想が今どこに向かっているのかがわかるようになる」という意味のことを言っていた。一見、現実的な政治と観念的な哲学とはあまりにもかけ離れているようにも思えるが、実は、そうではないのだ。

あくまで私見だが、「私のようになりたかったら、哲学を勉強しろ。私のように考え、歴史から学べ。そうすれば世界の政治経済に参加出来るエリートになれるチャンスがあるぞ」といったソロスなりのメッセージが、この本には込められているのだと思う。だからこそ、彼の本は、欧米で、「明日のエリートの仲間入りを夢見る」多くの人々に読まれるのだろう。

さて、ここでまた一つ、厳しいことを言わなければならない。それは「日本には真の意味で世界の〝インナーサークル〟に入れるエリートがいない」という現実だ。これは戦後の日本がひたすら大衆国家の道を歩んできたこととも深く関係している。残念ながら、今の日本には、数十億円もの年収をもらい、ダボス会議で世界のエリートたちから相手にされるような経営者はいない。それは、これまでの日本の政治家、経営者に、世界のエリートから〝サークルの一員〟として認められるような資格を備えた人がほとんどいないからである。

「哲学や歴史を学び、世界で起こっている出来事と関連づけて考え、さらには、その世界観を自分の言葉で語ることが出来る」。それがエリートの道へのパスポートなのだ。

私がこの本を勧める第二の理由＝「ソロスのような欧米型知的エリートの思考法を身につけるのに格好の本」は、以上の背景による。

米国株式の暴落は確実に迫っている

本書の第二部「分析と提言」（第五章〜第八章）では、第一部で詳述した「再帰性」の理論をもとに、二〇〇八年の経済動向について、より詳細な分析と提言を行っている。

こちらも詳細については、本文を熟読いただきたいが、ソロスの現状認識、未来予測を一言で言うなら、現状は「ドルを国際基軸通貨とした信用膨張の時代が終わりを迎えつつある」、そして未来は、「サブプライム・バブルとは別の、さらに大きな『超バブル』が崩壊寸前で、その規模は、あの大恐慌以来のものになるだろう」というものだ。二〇〇七年夏ごろから、今回の危機が始まったとする点、サブプライム・ローンでも明白なように、複雑な金融商品の激増を主因とする信用膨張がもはや限界に達しつつある点、世界経済の主要エンジンであるアメリカ（の消費力）が少しずつ衰えている点など、大枠では私とソロスの見方は一致している。

周知のとおり、今年七月上旬にアメリカの株式市場は二〇％の下落を記録し、正式に「ベア・マーケット」（弱気相場）に突入した。この原稿を執筆している七月下旬は、下がった株価が元に戻りつつあるようだが、私自身は、今後八月中旬から一〇月にかけて、再び二〇～三〇％程度下げていく可能性が高いのではないかと考えている。そうなれば、ゼネラル・モーターズやフォードといった、アメリカを代表する自動車メーカーには文字どおり〝致命傷〟となるはずだ。米国株のポジションは、早晩、「売り」一色になっていくだろう。

ポジションといえば、本書第七章には、今年一月から三月にいたるまでの、ソロスのポジションの取りかた、つまり、彼が経済指標をどのように「再帰」的にとらえ、投資目標を設定し、「売り」と「買い」とを臨機応変に対応させていったかという過程が日記形式で描かれており、とても興味深かった。通常、著名な投資家のポジションが、ここまで明らかにされることはない（私の目から見る限りでは、ソロスは相場を操縦するための、いわゆる「ポジショントーク」が目的で日記を公開しているようには見えなかった。彼はそんな小さな男ではないだろう）。

ただ、彼のポジションがいたってシンプルであることに正直驚いた。当時の彼のポジションは、大ざっぱに言えば「アメリカ」売りの「中国」「インド」買いだ。

もちろん、今後の私の投資活動にも大いに参考になったことは言うまでもない。

ソロスは日本の力が見えていない？

もっとも、この本については、少しだけ言いたいことがある。それは、「ソロスは日本の力を過小評価しているのではないか」ということだ。日本の事情に詳しくないからか、あるいは触れる必要がないと判断したのかは不明だが、いずれにせよ、彼はこの本で日本についてほとんど言及《げんきゅう》していない。私は、ソロスの日本に対する評価を知りたかった。

この本でソロスは、失速確実のアメリカ経済というエンジンに代わり、中国やインドが新しいエンジンとして台頭するだろう、という見解を示している。その点は私とソロスとでは意見が異なる。投資家ソロスには、はたして日本が見えていないのだろうか。

仮に、今年の秋口にアメリカの株式が暴落し、GMやフォードが致命傷を負った場合、自動車産業で世界のトップに立つのはどこか。世界をリードする技術力をもつ、トヨタやホンダを擁《よう》する日本であろう。日本企業の数々の優れた技術力は今もなお健在である。

今にも失墜《しっつい》しそうなアメリカ・ドルをずっと買い支えてきた国はどこか。潤沢《じゅんたく》な外貨準備高で米国債を買い続けてきた日本ではないか。なんだかんだ言っても、日本にとって最も投資しやすい国がアメリカである以上、今後も一兆円、一〇兆円といった大規模な単位で投資は行われるし、ドルは円によって買い支えられると私は考える。

ソロスだけでなく、ジム・ロジャーズや、ウォーレン・バフェットといった、今の世界を代表する投資界の超エリートたちが、こぞって日本を通り過ぎるような態度を示しているのが、私にはやや気がかりである。それともインナーサークルのエリートたちの間では、すでに「次世代の世界経済を牽引《けんいん》するエンジンは中国とインド。日本ではない」といったような新しいルールが決められているのかもしれない（一般大衆の私には与《あずか》り知らぬ話だが）。

母国日本を自らの言葉で語れるエリートよ、出でよ

ソロスのコモディティ（農産物、鉱物資源、原材料など）に対する今後の評価も知りたかった。彼がこの本で披露しているのは、彼の得意な通貨・債券・株式に限定されている。それらの投資対象については、ソロスは今でも見事な芸術家《マエストロ》であることは間違いない。

この本の意図が、単なる「投資指南」にあるのではないことは分かる。「相場」などといっ

たレベルを超越した、世界経済の大局の認識・把握という観点からこの本が書かれていることは明白だ。しかし、だからこそ「信用膨張の時代が終焉《しゅうえん》を迎える」今後に、われわれはどうすればいいのかという、もう少しだけ実用的な部分にも触れてほしかったと思う。原油や農産物の高騰《こうとう》、私がたびたび主張している「金」などの鉱物資源への投資の有効性……これらの点について、伝説の投資家はどう考えているのだろうか。非常に気になるところである。

ともあれ、私自身の勝手な感想をいろいろと述べてしまったが、だからと言って、本書の価値が損なわれるとは少しも思わない。お世辞抜きで、本書は「エリートのためのエリートの本」であり、「私が今までで一番、勉強させてもらった本」である。ソロス独特の難解で抽象的な筆致に、おそらく少なからぬ読者が困惑するはずだ。だが、真の意味で人生の糧《かて》となる良書とは、このような「自分の頭で考えなければならない本」だ。

願わくは、本書を手にとった読者が、一人でも多くソロスの方法を学び、日本の存在の大きさを自覚し、日本の歴史的な役割を勉強し、そして日本の「真の力」を自分の言葉で語り、欧米のエリートたちと互角に渡り合えるような人間に育って欲しい。

この本を最後まで読みとおし、内容を理解出来た読者なら、きっとそれが出来るだろう。

『ソロスは警告する』目次

第二部　分析と提言　139

装幀——川島　進（スタジオ・ギブ）
レイアウト——山中　央
写真（松藤民輔）——船元康子
写真（G・ソロス）——AP　Images

ソロスは警告する

超《スーパー》バブル崩壊＝悪夢のシナリオ

序――目前に迫る「超バブル」崩壊

現在の世界は、アメリカの住宅バブルの崩壊に端を発した、深刻な金融危機のさ中にある。だが、この危機は単なるバブルの崩壊以上のものである。一九二九年の大恐慌以来最悪の状態が訪れ、ドルを国際基軸通貨とした信用膨張《ぼうちょう》の時代が終焉《しゅうえん》を迎えようとしているのだ。

過去二五年のあいだに国際金融システムを揺るがすような危機は、何度か起きている。そういう意味では、今回の金融危機は決して目新しい現象ではない。だが、過去の危機はすべて、もっとはるかに大きな景気循環のわずか一部分でしかなかった。すべての危機は、この四半世紀以上にわたって成長してきた巨大なバブル――私が「超《スーパー》バブル」と名づけたものだ――の膨張局面での、一時的な後退でしかなかったのである。

そして、まさに今、その巨大な超バブルが〝ビッグバン〟のように弾けようとしている。

私の分析では、この超バブルには他のすべてのバブルと同じく、人々が誤った投資行動を続ける原因になった「支配的なトレンド」と「支配的な誤謬《ごびゅう》」とが存在した。「支配的なトレンド」とは信用膨張、つまり信用マネーのあくなき肥大化であり、「支配的な誤謬」とは、一九世紀には自由放任《レッセフェール》と呼ばれていた、市場にはいっさい規制を加えるべきではないという考え方――すなわち市場原理主義である。

過去二五年間に発生した金融危機の数々が、それなりにうまく克服されてきたおかげで、信用膨張のトレンドも市場原理主義という誤謬も、かえって強化されてしまった。そのために、われわれは超バブルがここまで大きく育つことを許してしまったのである。だが、これ以上の信用膨張がもはや不可能となり、しかも市場原理主義の誤りが余すところなく暴露されてしまった今回の危機は、歴史の大きな転換点とならざるをえないだろう。

今日の金融危機が発生した時点では、私はかつて運営していたファンドの経営からは退いていた。攻撃的なヘッジファンドを、慈善基金としての資産防衛を主眼にした受け身のスタイルに変えていたのだ。だが、今回の未曾有《みぞう》の危機のおかげで、私は再度金融市場に関心を向けるようになり、ファンドの投資判断にも加わるようになった。そして、二〇〇七年の暮れにかけて、私は国際金融市場の現状を分析し、説明する本（本書）を書くことにしたのである。

既存の経済学が世界を金融危機に追いやった

私が本書執筆を思い立った理由は、三つある。

まず、経済を真面目に研究することは、私が再び投資家として判断を下していくうえで助けとなるだろうという功利的な動機である。

第二が、今、何が起きているかを理解するのに、世間が今あるものよりもましな理解の枠組み《パラダイム》を緊急に必要としているという認識だ。

現行の「金融市場のさまざまな変数は均衡値《きんこう》に向かって収斂《しゅうれん》する傾向がある」という経済学上のパラダイムは偽《いつわ》りでしかない。この誤ったパラダイムを基盤にして国際金融システムが築かれたことこそが、現在の世界経済危機の主たる原因なのである。私は本書で現在の危機を理解するための新しいパラダイムを提示して、その枠組みにもとづいて現状分析を行っているが、その基礎にあるのは、私がまだロンドン・スクール・オブ・エコノミクスの学生だった半世紀近く前に着想した「再帰性《さいきせい》」の理論だ。

第三の理由は、第二の理由と重なり合ったものだ。金融市場に関する時宜《じぎ》にかなった洞察《どうさつ》を発表することで、私にとって愛おしい「再帰性」の理論が、ついに世間によって真面目に検討されるだろうと考えたのである。

抽象的な理論に人々の関心を集めることは難しいが、人々の金融市場に対する好奇心は強烈なものであり、特に金融市場が大混乱を来《きた》しているときには、なおさらだ。私はすでに処女作"The Alchemy of Finance"(邦訳『ソロスの錬金術』)の時点で、当時の金融市場の動向を用いて私の「再帰性」の理論を説明してはいる。だが、「再帰性」の理論が実践的で、しかも重要な理論であることを証明するうえで、今回の危機にまさる好機はないであろう。

経済現象を読み解く「再帰性」理論

以上、三つの理由のうち、本書を出版する際に最も重要視したのは、最後の、第三のものだという事実を、ここであらかじめお断りしておく。なお、執筆意図が三つあることから、本書は必然的に、単に現在の金融危機だけに焦点を当てた本よりも、いくぶん複雑な内容になっている。

その構成は以下のとおりだ。

まず、次の「危機の背景」では、昨年夏に始まったサブプライム危機の、そもそもの原因となった二〇〇一年以降のアメリカの住宅バブルを概観している。

第一章～第四章から成る第一部では私の「再帰性」理論を中心に議論を展開する。

第一章では、私が長い年月をかけて育んできた「再帰性」の理論のエッセンスを提示したい。それから、そのような思想を抱くにいたった私の個人史を第二章では描いている。

続く第三章で、私は「再帰性」の理論を全面的に展開している。私にとっては、この部分こそが本書の核ということになる。私の以前の著作を読まれた方はすでに御存知と思うが、「再帰性」の理論は、単に金融市場だけを分析する枠組みではなく、人間の思考と、人間が生きる現実の間の関係を理解する助けとなるものであり、誤謬や誤解が歴史の道程を決めるうえで重要な役割を果たすと主張するものである。ただし、この章は現在の世界経済危機のみに興味のある読者にとっては、決して読みやすい内容ではないだろう。また、以下の章の分析に最低限必要なことは、第一章で述べてある。したがって、先を急ぐ読者は、第三章を飛ばしてくださって も構わない。

第四章では、「再帰性」が金融市場において、どう発現するかを説明している。一見、現状分析とは縁のなさそうな「再帰性」が、実は金融市場のさまざまな現象、特にバブルを理解するうえで著《いちじる》しく効果的だということが、この章を読めばおわかりいただけるはずだ。

第二部（第五章〜第八章）では「再帰性」のパラダイムと、私のヘッジファンド・マネジャーとして得た経験との双方を駆使して、世界経済の現状を解明しようとする試みとなっている。現在崩壊しつつある「超バブル」の分析を第五章で行い、半世紀以上にわたって投資の世界の住人として生きてきた私の体験談を交える形で戦後の金融の変化を第六章では叙述する。

第七章は「ソロスの投資術」とでも名づけたい章だ。まず二〇〇八年初頭の時点での私の見通しと、それにもとづいた投資ポジションを明らかにする。そして、日記の形で今年に入ってからの市場の変化をつづり、年頭の見通しがどれだけ正しかったか、はずれていたか、その結果として投資の損得はどうだったかを見ていく。第八章は、政策提言である。

繰り返しになるが、本書は現在進行しつつある金融危機について分析し、その並々ならない深刻さについて警鐘を鳴らし、合わせて政策提言を行うという、通常の金融関連書にも通じる要素と、私の市場理解の根底にある「再帰性」の理論を述べる思想書の要素が入り混じっている。だから、単に今の金融危機や明日の株価にしか興味のない読者には、にわかには消化しにくい部分があると思われる。

だが、そのような本だからこそ、本書を努力して読み通せば、報われることも多いはずである。少なくとも、私はそう願っている。何と言っても、本書の柱である「再帰性」の理論は、私の主たる関心事であり、いわばライフワークなのだ。

危機の背景

現在も進行中の金融危機が始まったのは、二〇〇七年八月だった。この月に、主要先進国の中央銀行が、それぞれの国の銀行システムに資金（流動性）を供給しなければならないと明確に認めたのである。そこからの危機の進展は、以下のとおりだ。

●八月六日、アメリカの大手住宅ローン会社アメリカン・ホーム・モーゲージ社が従業員の半分以上を一時休職処分にしたうえで倒産を申請した。同社経営陣は、いわゆるサブプライム・ローンの借り手・貸し手双方の多くを苦しめる住宅不況の犠牲になったと述べた。

●八月九日、短期資金市場から資金が干上がってしまった。フランスのＢＮＰパリバ銀行が、アメリカのサブプライム問題を理由に、合計資産二〇億ユーロに達する系列の投資ファンド三社の営業を一時停止にしたことを受けての出来事だった。ＢＮＰは、市場の活動が停止したために系列三ファンドの資産価値を適正に評価出来ないと述べた。欧州中央銀行はユーロ圏の各銀行に九五〇億ユーロを注ぎ込み、サブプライム問題で発生した信用収縮を緩和しようとした。ＦＲＢ（連邦準備制度理事会＝アメリカの中央銀行）も日本銀行も、同様の政策を実施した。

●八月一〇日、欧州中央銀行はさらに六一〇億ドルの資金を銀行界に供給した。ＦＲＢは信用収縮を克服するべく、短期資金を必要なだけ、無制限に供給すると宣言した。

●八月一三日、欧州中央銀行は四七七億ユーロを資金市場に注ぎ込んだ。一一、一二日は週末に当たっていたから、三営業日連続の資金注入ということになる。ＦＲＢと日本銀行も、市場にさらなる資金供給を行った。米証券大手ゴールドマン・サックス社は、系列のヘッジファンドの時価を下支えするために、三〇億ドルを同ファンドに緊急融資することを宣言した。

●八月一六日、全米最大の住宅ローン会社のカントリーワイド・ファイナンシャル社が一一五億ドルの融資枠を使いきってしまったと宣言する。オーストラリアの住宅ローン会社ラムズ社も、資金繰りが苦しいことを認めた。

●八月一七日、ＦＲＢは、信用問題で苦しむ銀行を支援するべく、割引率（銀行への貸出金利）を〇・五パーセント引き下げた。だが、この措置は効果に乏しかった。結局、先進諸国の各中央銀行はさらに多額の資金を、さらに長期にわたって金融システムに供給せざるをえず、しかも、かつてないほど多様な証券を担保として預かることになった。

●九月一三日、イギリス最大の住宅ローン銀行ノーザン・ロックが、破綻寸前にあることを明らかにした。このため、イギリスでは一世紀ぶりに取り付け騒ぎが発生した。

住宅バブルはなぜ生まれたのか

こうした一連の事件の形をとって表面化した現在の危機は、実はひどくゆっくりと発生したものである。そして、このような危機が発生することは何年も前から見当がついていた。

危機の起源は、二〇〇〇年後半に起きたインターネット・バブルの崩壊に求められる。当時、ＦＲＢは六・五パーセントあったフェデラル・ファンド金利（ＦＦ金利＝銀行間の短期金利）を、わずか数ヵ月のうちに三・五パーセントまで引き下げて、バブル崩壊に対応した。ところが、二〇〇一年の九月一一日に同時多発テロ攻撃が発生する。この事件が、バブル崩壊ですでに弱っている経済へ、さらなる悪影響を及ぼす事態を回避するために、ＦＲＢはその後も金利を下げ続けた。

ついに二〇〇三年七月には、アメリカの金利は一パーセントという、半世紀ぶりの低水準まで下がり、その後、九一年その水準にとどまったのだった。名目上の金利からインフレ率を差し引いた実質短期金利は、三一ヵ月間にわたってマイナスだった。実質金利がマイナスという超金融緩和政策は、住宅バブルと、さらにレバレッジド・バイアウト（買収対象の企業の資産を担保に多額の借金をして、買収を実行する投資手法）の爆発的増加をもたらした。

マイナス金利というのは、資金を借りるコストが事実上無料《タダ》だということを意味する。資金の貸し手としては、借りたいと手を上げる者がいなくなるまで貸し続けるのが合理的だということになる。そして、そのとおりに行動したのが住宅ローン各社だった。貸付基準を緩め、さまざまな新手法を導入して売り上げを伸ばし、手数料収入を増やしていったのである。

二〇〇〇年から二〇〇五年半ばにかけて、アメリカの既存住宅の市場価値は、五〇パーセント以上も上昇した。新築住宅の建設も凄《すさ》まじい勢いで進んだ。米証券大手のメリル・リンチ社は、二〇〇五年前半におけるアメリカのGDP（国内総生産）増加分のおよそ半分は、住宅関連だと推計した。この場合、「住宅関連」というものには、住宅建設や新品の家具の購入といった直接的なものと、住宅ローンの借り換えで生じた余裕資金の消費のような間接的なものの、二通りがある。

元経済諮問《しもん》委員会委員長のマーティン・フェルドスタインは、一九九七年から二〇〇六年にかけてアメリカの消費者が、ローンの借り換えや転売などの手法で住宅資本（住宅の市場価値からローンの残債を差し引いた金額）から九兆ドルの現金を引き出したと推計した。ぐんぐん値段が上昇していく住宅を担保にすれば、金融機関は家の持ち主にいくらでもお金を貸してくれた。二〇〇五年にアラン・グリーンスパン前FRB議長が主導して行った調査では、二〇〇〇年以降、そのような〝住宅資本の現金化〟が個人消費の三パーセント相当を賄《まかな》っていると推計している。二〇〇六年の第一・四半期ともなると、住宅資本の現金化は、個人の可処分所得の一割にも達している。

詐欺同然だった住宅ローン

住宅価格が二桁成長を続けたせいで、投機も活発になった。不動産の価値が金利以上に上昇すると予想されるときには、自分が住むのに必要な以上の不動産を所有することは、〝賢明な投資〟ということになる。二〇〇五年四月ともなると、アメリカ人が購入する住宅の四割が、投資用かまたは別荘用となっていた。

実は今世紀に入ってからのアメリカ人の実質所得の中央値（全国民を実質所得の大きいほうから小さいほうまで全員並べたときに、ちょうど真ん中に来る人の所得の値。「普通の人」のデータを知るうえでは、平均値よりも信頼できる）を見るかぎりでは、その伸び率はいたって微弱なものでしかなかった。普通のアメリカ人の経済力は、決して力強い成長を見せていたわけではなかったのだ。そこで住宅ローンの貸し手は、詐欺同然の「工夫」でもって、一般庶民にも住宅を手の届くもののように見せかけようと画策した。

最も一般的なのが「変動金利ローン」で、これはたとえば最初の二年間だけ金利を市場水準よりも低く設定するといったものだった。二年後になってローンの利子が上がるときには、住宅価格はさらに上がっているし、返済を続けていれば信用も増すから、もっと条件のよいローンへの借り換えも可能だと、借り手は「説得」された。もちろん、借り換えのたびにローン会社には新たに手数料が発生する。

こうしてローン貸し付けの基準は際限なく緩められ、一般の借り手ばかりではなく、ローンを組むのが難しい（信用度の低い）「サブプライム」の借り手にもローンが大量に供給された。サブプライム・ローンの中には所得や資産に関する証拠書類の提示をろくろく求めないまま借り手に貸し付ける「嘘つきローン」も一般的だったし、中には無所得《ノーインカム》、無職《ノージョブ》、無資産《ノーアセット》の個人に貸し付ける「ＮＩＮＪＡ《ニンジャ》ローン」まであった。多くの場合、住宅ローンを提供する不動産ブローカーや金融機関は、破綻の可能性を承知の上でこれらのローンを貸し付けていたのだ。

「証券化」という錬金術

さて、アメリカでは、銀行や貯蓄貸付組合が住宅ローン融資を決めた場合、融資自体は住宅ローンの貸し付けを専門に行う業者「ブローカー」によって貸し付けられ、そうして発生した住宅ローン債権が銀行に集められ、まとめて証券会社に売られるのが一般的だ。その後、証券会社は、買い取った住宅ローン債権を一まとめの証券にして、格付け機関からお墨付きを受けて機関投資家に売りつけるのである。

このとき、証券会社はリスクの高い住宅ローン債権を何本も組み合わせて、CDO(collateralized debt obligation)という名称の、新たな資産担保証券に仕立てて売却した。CDOは何千ものローンの利払いと返済から生じるキャッシュフローを一括して、これをさまざまな組み合わせからなる金融商品に分割しなおしたもので、利回りやリスクが複雑化する半面、さまざまな投資需要に応えることが出来るという触れ込みだった。

これらCDO証券のおそらく八割ほどは、格付け会社から最高レベルのAAA《トリプルエー》の格付けを与えられた。それより格付けの低いCDO証券は、元になっている住宅ローンが不良債権化したときに負わされるリスクが高かったが、その分、利回りも高かった。しかも銀行や格付け機関は、「NINJAローン」のような馬鹿げた仕組みに必然的に潜《ひそ》むリスクを大幅に過小評価していた。

こうした証券化は、リスクを段階評価し、しかも、元になる資産を分散させることで、リスクを低くするとされていた。ところが、実際には、住宅ローン債権の所有権を、借り手と直接やりとりをする銀行から、借り手とはまるで無関係の投資家へと次々に移転することで、リスクを高めてしまっていたのだ。債権のリスクを他人が引き受けるのであれば、ローンの貸し手の貸し付け審査はどうしても緩くなってしまう。典型的なモラル・ハザードである。

しかもローンの貸し付けから最後のローン債権の売却まで、各段階で手数料が発生する。売り買いされる資産が大きければ大きいほど、それを扱う金融機関職員のボーナスも多額となった。リスクを負うことなしに手数料だけ稼げるとなると、当然ながら、たちまち商慣習はだらしなくなる。こうして、借り手が金融機関を相手にする経験に乏しく、情報もあまりないようなサブプライム・ローンの世界では、詐欺まがいの商法が横行していった。当初二年間の低金利が「引き寄せ金利」と名づけられていたあたりに、金融業者の本音が透けて見える。

総額四二・六兆ドルの〝爆弾〟

二〇〇五年から、この〝危険な証券化〟が過熱しはじめる。これらの合成金融商品（合成証券）は、時間をかけず、簡単に作り出すことが出来た。その結果、リスクの高い証券が、市場に実際に供給されている資産の何倍にも発行量が増えたのだった。アイディアに富んだ証券会社は、ＣＤＯをさらに分割して組み合わせなおした「ＣＤＯ^2」、さらにもう一度分割しなおして組み合わせなおした「ＣＤＯ^3」まで作り出していった。

格付けの低いＣＤＯでも、格付けの高い他の債券と組み合わせることでＡＡＡの格付けが与えられることさえあった。こうしてＡＡＡ資産の総量を上回る残高のＡＡＡ債券が作り出されていく。これらの合成証券は、しまいには総取引量の半分にまで達した。

安易な証券化ブームは、住宅ローン債権に限定されず、他の形の債権にまで広がった。合成証券市場の半分を軽く上回る割合を占めていたのは、実はクレジット・デフォルト・スワップ（CDS＝credit default swap）である。CDSは複雑な合成金融商品で、一九九〇年代初頭にヨーロッパで開発され、初期には二つの銀行間の個別の合意という形をとっていた。スワップの売り手、つまり保証の購入者であるA銀行は、スワップの買い手、つまり保証の販売者であるB銀行に、特定の債権群に関して一定年限を区切って年間手数料を支払うことにする。銀行Bは、手数料を受け取っている期間中に保証対象の債権が不良化した場合、その損失分をA銀行に対して埋め合わせする――という複雑な商品である。

CDSが開発される以前には、ポートフォリオ（資産構成）を分散させたいと望む銀行は債権を細切れにして売却するしかなかったが、それには債権の借り手の合意を得なければならず、面倒だった。それだけに、借り手の合意なしで事実上債権を売り買いできるCDSは金融界で流行した。CDS契約の文言は標準化され、残高は二〇〇〇年には一兆ドル前後まで膨れ上がっていた。

二〇〇〇年を過ぎると、今度はヘッジファンドがCDS業界に参入してくる。債券投資に特化したヘッジファンドは、事実上、無認可の保険会社として機能しはじめた。CDOなどの証券を保証することで、保険手数料《プレミアム》を稼いでいたのだ。だが、こうした保証の値打ちは怪しげであることもしばしばだった。というのも、最終的な貸し手も借り手も取引の詳細を知らないままに契約が成立していったからである。

それでもCDS市場は爆発的に成長し、名目資産では他のあらゆる市場を上回るようになった。現在、CDS契約の残高は四二・六兆ドルと推計されている。これは、アメリカの家計の全資産の合計にほぼ等しい金額である。アメリカ合衆国財務省証券（米国債）の市場規模四・五兆ドルはもちろん、アメリカの上場株式の時価総額一八・五兆ドルさえも軽く凌駕《りょうが》する巨大市場なのだ。今回のサブプライム問題の余波により、この市場に大問題が起こることは必至だと見られているが、そうなれば混乱などという言葉ではすまないだろう。

この証券化ブームは、借入金のとんでもない膨張を惹き起こした。通常の債券を保有するには、額面の一〇パーセントの自己資金が必要だが、CDSを使って組み立てられた合成債券の場合、自己資本は一・五パーセントまで引き下げられる。債券間のリスクのちょっとした差でも、自己資本に比べれば十分に大きく、売り買いすれば高収益を上げられることになり、そうして盛んになった売り買いが債券のリスク・プレミアムを引き下げた。

無視され続けた警告

警鐘を鳴らす声がまったくなかったわけではない。

一九九四年には、住宅ローン担保証券の中でも最も格付けの低い「有害廃棄物債券」が不良債権化し、証券会社のキダー・ピーボディーが破綻、五五〇億ドルの損失総額を出した。だが当局は、それ以降も住宅ローンに関して規制や監視を強めるような動きを何一つとろうとしなかった。このときの教訓はまったく活《い》かされなかったのだ。

二〇〇〇年には、FRB元理事のエドワード・グラムリッヒが、サブプライム・ローン市場における不正行為の横行について内々にグリーンスパン議長に警告したが、相手にされなかった。グラムリッヒは、自分がサブプライム問題に対して抱いている不安についてまとめた本を二〇〇七年に公表し、サブプライム・バブルが破裂する直前に亡くなっている。

バブルの興亡に関する著書が何冊もある経済史家のチャールズ・キンドルバーガーは、早くも二〇〇二年にアメリカの住宅バブルについて警鐘を鳴らしていた。住宅バブルの危険性については、前出のフェルドスタイン元経済諮問委員会委員長に加えて、元FRB議長ポール・ボルカーも、シティバンクの幹部であるビル・ローズも悲観的な発言をしていた。FRBから民間に転じ、現在ではマクロ経済シンクタンクも経営するニューヨーク大学教授ヌリエル・ルビーニも、二〇〇六年に「住宅バブルが不況をもたらす」と予測していた。

だが、今回のバブルがこれほど長続きし、しかもこれほど大きくなるとは、私も含めて誰一人として、まるで予想できなかった。『ウォールストリート・ジャーナル』の最近の記事によれば、「住宅価格が下がるほうに賭けたヘッジファンドは多数あったものの、どれも住宅市場の崩壊の時期を見誤って大損を出してしまい、結局その賭けを放棄してしまった」という。問題の兆候が見られるようになったのは、二〇〇七年のことだった。

●二月二二日、HSBC銀行がアメリカの住宅ローン事業のトップを解雇した。計上された損失は一〇八億ドルに達した。

●三月九日、アメリカ最大の住宅メーカー、DRホートン社が、サブプライム住宅ローンがもたらすであろう損失について警告を発した。

●三月一二日、サブプライム住宅ローン最大手の一つ、ニュー・センチュリー・ファイナンシャル社が、同社倒産の噂が市場を駆け巡ったことを受けて、株式の上場を停止した。

●三月一三日、住宅ローンの返済の遅れと住宅の抵当流れが新記録を樹立したと報じられた。

●三月一六日、アクレディテッド・ホーム・レンダーズ・ホールディング社が事業資金捻出のために額面二七億ドルのサブプライム債権を大幅に割り引いて売りに出した。

●四月二日、ニュー・センチュリー・ファイナンシャル社は不良債権を何十億ドル分も買い戻させられ、倒産を申請した。

世界を震撼《しんかん》させたベア・スターンズの苦境

同年六月一五日には、証券会社大手のベア・スターンズ社が、系列の住宅ローン債権専門のヘッジファンド二社が「追い証」に応じられない状態にあるという事実を公表した。信用取引のための委託保証金が、サブプライム関連株の暴落で不足してしまい、保証金を追加する必要に迫られたのだが、そのための資金がなかったのである。ベア社はいやいやながらファンドの一つに対して三二億ドルの融資枠を設定して救済したが、もう一つのファンドは崩壊し、資本金一五億ドルは、ほとんど消滅してしまった。

ベア・スターンズ系ファンドの破綻に、市場関係者は恐怖した。だが、ベン・バーナンキFRB議長や政府の高官たちは、「サブプライム問題は孤立した現象である」という声明を発表して、世論を鎮静させようとした。おかげで株価は多少安定したものの、金融当局の読みの甘さも一因となって、悪いニュースはその後も続けざまに起こってしまう。

七月二〇日になっても、バーナンキはサブプライム関連の損失総額は、せいぜい一〇〇〇億ドル程度だろうと推計していた。メリル・リンチとシティ・グループがそれぞれCDO関連で巨額の損失計上を行うと、これで膿《うみ》を出し切ったと市場が判断したのか、相場は再度、上昇局面に転じ、七月半ばにはスタンダード&プアーズ株価指数が記録を更新している。

だが、金融市場の心理は、そこから急転換する。早くも八月には、市場に再び恐怖感が蔓延《まんえん》するようになっていた。ベア社がすでに三二億ドルを投じて救済しようとしていた系列ヘッジファンドの倒産を申請し、さらに別の系列ファンドについても、顧客が現金を引き出せないようにする措置をとったことが明らかになり、またも市場に衝撃が走ったのである。

恐怖の連鎖

ひとたび危機的状況が明らかになると、金融市場は驚くほどの勢いで崩れていった。格付けの低いサブプライム債権から始まった危機は、すぐにCDO市場にも広がった。

まず、さまざまな種類のCDOの株価指数《インデックス》に連動するCDOインデックス・ファンドの価格が急落した。安全を求める投資家と、利益を求めて空売りをしようとする投資家がこれらのファンドを急いで売り抜けようとしたためだ。やがて、ファンドの指数の元になっている、さまざまなCDOの価値も疑わしく感じられるようになってきた。証券各社はCDOのかなりの部分を簿外の特別投資会社であるSIV(structured investment vehicle)に移した。証券会社はSIVを設立し、これを通じて投資をすることで、リスクの高い資産をうまく財務諸表から外していたのである。いわば、証券会社の〝隠《かく》れ蓑《みの》〟だ。

ＳＩＶは新たに資産担保債券を発行して資金を調達しようとする。ところがＣＤＯの価値が疑わしいうえに、資産担保債券市場の資金は干上がっており、買い手がつかなかった。おかげで証券各社は系列のＳＩＶを救済しなくてはならなくなった。証券会社の大半は、ＳＩＶの負債をバランスシートに記入せざるをえなくなり、巨額の損失を計上する。破綻するＳＩＶも現れた。

こうした流れに、各社が生じた損失の巨額さも加わって、株式市場はすっかり臆病になってしまう。価格の動きは、まさに混沌《こんとん》状態に陥った。ヘッジファンド、特に巨額の借入金を投入し、わずかな価格差に着目して売り買いすることで利益を搾《しぼ》り出す類のファンドは資金繰りが続かず、異常なほどの損失を垂れ流すようになっていく。借入金が特に大きかったものは破綻し、それらファンドの経営者の評判は下落し、訴訟が大量発生した。

こうしたすべてが、金融システム全体にとんでもない重圧となってのしかかった。銀行は、どこも予想外の損失で自己資本が毀損《きそん》していたうえに、バランスシートに新たに損失を記入しなければならなくなった。銀行各社は自分のこうむった損失がどれほどのものかを推計できず、同業他社の損失となるとさっぱり見当がつかなかった。結果として、どの銀行も入手可能な資金を極力自分の手元に置いておく方針をとり、銀行間の資金の融通は冷え込んだ（冒頭で述べた中央銀行による民間金融機関への緊急融資は、まさにここにつながっていく）。

最初のうち、各国の中央銀行は十分な資金をうまく市場に注入出来なかった。いくら中央銀行が手を差し伸べても、銀行はどこも、救いの手に飛びつくことで世間から「体力が弱っている」と見られることを恐れたのである。銀行間の資金融通が弱っていたことも、中央銀行の救済がうまくいかない一因だった。だが、こうした障碍《しょうがい》も結局は克服される。各中央銀行は、資金供給という責務を、きちんと果たしたのだ。

大失敗を犯したのは、ノーザン・ロック救済を試みて逆に取り付け騒ぎを誘発してしまったイングランド銀行くらいのものだった。結局、ノーザン・ロックは国有化され、その債務はイギリス政府の債務に組み込まれた。おかげで、イギリスの政府債務は、マーストリヒト条約に規定されたEU諸国の債務の上限を超えてしまった。

市場に資金は供給されたが、危機がそれで退潮することはなかった。債券の金利スプレッド(リスクがゼロとされる米国債と、その他の債券の間の金利差)は広がり続けた。シティ、メリル・リンチ、リーマン・ブラザーズ、バンク・オブ・アメリカ、UBS、クレディ・スイスなど、世界の金融界の頂点に立つ銀行や証券会社が、二〇〇七年の第四・四半期に多額の損失を計上したと発表し、そのうちのほとんどは、二〇〇八年にも損失は続くだろうと警告した。

アメリカの保険最大手AIGと、スイスのクレディ・スイス銀行にいたっては、二〇〇七年第四・四半期の損失額を何度も修正した。両社は自己の資産状況を正確に把握していないのではないかと市場ウォッチャーに懸念されていたが、その心配を裏付けてしまった形である。

二〇〇八年一月二五日にはフランスの名門銀行ソシエテ・ジェネラルのトレーダーが七二億ドルの損失を出した事実が判明した。壊滅的な打撃である。同日、株式市場は「売り」一色になり、緊急に開かれたＦＲＢの理事会で、短期のＦＦ金利を臨時に、しかも異例の七五ポイント引き下げることが決定された。その八日後に開催されたＦＲＢの定例理事会では、ＦＦ金利は、さらに五〇ポイント切り下げられた。前代未聞の出来事である。

住宅不動産に端を発する資産価値の下落は、クレジットカード債権、自動車ローン債権、さらに商業用不動産へと広がっていった。伝統的に地方債の返済保証引き受けを専門としてきた、「モノライン」と呼ばれる保険会社各社も近年、合成証券へと投資対象を広げていたため、問題が発生した。モノラインの苦境は地方債市場に混乱を引き起こし、破綻を懸念される自治体も出ている。

人々の「誤解」がバブルを大きくした

過去二十数年間の間に、アメリカは大型の金融危機を七回も経験し、その都度みごとに立ち直ってきた。一九八〇年代にはラテンアメリカを中心とした途上国債務危機が起こり、一九九〇年代初めには貯蓄貸付組合（Ｓ＆Ｌ）危機が起きたが、どちらもアメリカは無事に乗り越え、かえって力強い成長を再開したほどだ。

だが、今回の危機は、そうした危機とはまったく性質を異にする。ある金融資産の市場から別の市場へと次々に転移しただけでなく、特に新しい合成金融商品の市場で問題が顕著である。主要な金融機関の損失規模ははっきりせず、自己資本の毀損の度合いも懸念されている。さらに、金融市場も金融規制当局も、信用経済に端を発する今回の金融危機が実物経済に影響を与える可能性を、なかなか直視しようとしない。理解に苦しむことである。

この数年間というもの、世界の実物経済を牽引《けんいん》してきたのは信用膨張だった。FRBの大胆な利下げがもたらしたアメリカの資産価格の上昇と、それをあてこんで海外から流れてきた資金の貸し付けが成長を牽引してきたのだ。その逆の、いわゆる信用収縮が発生すれば、実物経済も停滞するに決まっているではないか。

これほど危機的な状況にあっても「実物経済は大丈夫」などと世迷《よま》い言《ごと》を言っている金融当局も市場の参加者も、今後の金融市場がどう動くかという点について、根本的な「誤解」をしているとしか思えない。そして同時に、この誤解こそが現在の危機の根本にある金融市場の過熱の主因でもあるのだ。では、その誤解とは、はたして、どのようなものなのだろう?

それを理解する鍵こそ、私の「再帰性」の理論なのである。次の章では、この「再帰性」の理論のエッセンスを説明している。金融危機の動きを具体的に追ってきたこの章からすると、私の哲学を展開した次章は、いささか突飛に感じられるかもしれないが、後述する、現在の金融危機を分析した章の基礎となる議論なので、ぜひとも目を通していただきたい。

第一部　危機の全体像

第一章

根本概念

人間は世界を「完全」に理解することは出来ない

私たちは世界の一部であるために、その世界を完全な形では理解しえない。特に、人間が人間社会について理解しようとすると、観察者である人間もまた観察対象である人間社会の一部であるという事実が、理解の妨げとして最大の障碍となる。

一方で人間は、自分が生きる世界を知識として理解しようとする。私はこれを「認知《にんち》機能」と呼ぶ。その一方で人間は世界に影響を与えようとし、自分にとって都合のよいように改造しようともする。かつて私はこれを「参加機能」と呼んでいたが、今では「操作機能」と呼ぶほうが適切であると考えている（認知科学の世界では、これは「執行機能」と呼ばれる。アリストテレスは、私のいう認知機能に相当する純粋理性と区別するために、これを「実践《じっせん》理性」と呼んだ）。

仮に、認知機能と操作機能の二つの機能が互いに関わり合うことがなければ、どちらの機能もその目的を完全に達成しうるであろう。人の社会理解は知識として完璧であり、その社会的行動は望みどおりの結果を出せることだろう。このため、二つの機能は相互に関係なく作用するのだと仮定したくなる。だが、この仮定には問題がある。人間が特別な努力を払って認知機能と操作機能の二つを別々にしておくことが出来るような、きわめて例外的な場合にしかあてはまらないのだ。たとえば、知識の獲得だけを目的とし、現世の利害に興味のない社会科学者にとっては、この仮定は真かもしれない。だが、社会科学者が研究対象とする社会現象の参加者たちにとっては、真ではありえない。認知機能と操作機能が同時に作用しているときには、両機能はお互いに干渉しあうかもしれないからだ。

人間の思考と社会現象は互いに干渉しあう

認知機能が知識を生み出すためには、ある社会現象は観察者から独立であると仮定されなければならない。その場合にのみ、社会現象は、観察者の記述と一致する事実と見なすことが可能となるであろう。だが、認知機能と操作機能とが同時に作用している場合、その社会現象は参加者の未来に対する意図や期待によっても構成されることになる。「過去」はすでに決定しているが、「未来」は参加者の決断によって決まってくる。その結果として、参加者は現在と過去の事実のみならず、未来に関する不慮《ふりょ》の出来事にも対応しなければならなくなり、知識にもとづいて決断を下すことが出来なくなる。

ある社会現象における参加者の、未来に対する意図や期待が、その社会現象の中で果たす役割は、参加者の思考と社会現象の間に双方向《そうほうこう》の繋《つな》がりを作り出すことになる。そして、その双方向性によって、社会現象の展開に不確実性なり偶発性《ぐうはっせい》が生じ、いっぽう、参加者の観察事項は知識として不完全なものになるのである。

「再帰性」の定義

ある機能が決定されるには、その機能における従属変数の値を決定するような独立変数がなければならない。

認知機能においては、世界の現実的なありようが独立変数で、観察者の世界理解が従属変数だということになる。ここで、「世界の現実的ありよう」を、世界 world の頭文字をとって「W」、「観察者の世界理解」を、理解 understanding の頭文字をとって「U」としてみよう。そして、認知機能を、認知 cognition の機能 function（英語では、「関数」も同じ function）ということで、「FC」で表す。すると、以下のように記述できることになる。

FC（W）→ U

ところが、操作機能においては、この関係が逆転して、観察者の世界理解が独立変数、世界の現実的なありようが従属変数だということになる。認知機能の場合におけるのと同様、数式で表してみると（操作機能は、操作 manipulation の頭文字をとって「FM」とする）、以下のようになる。

FM（U）→W

つまり、UがWを、WがUを規定しあう関係というわけで、こうした双方向的な状況においては、結果的に認知・操作いずれの機能も、確たる結果を生み出せなくなってしまう。私は、この双方向的な干渉を「再帰性」と名づけた。「再帰的」な状況の最も注目すべき特徴は、参加者の世界理解と、世界の現実的なありようとが一致しないということだ。

証券市場の例を考えてみるとわかりやすい。人々は将来の株価を予想して株の売買をするが、株価そのものは株の売り買いをする人たちの予想によって決まってくる。予想は知識として不完全なものだ。完全な知識が得られない以上、参加者たちは主観的な判断なり偏見《へんけん》なりに頼ることで何らかの意思決定を行わなくてはならない。株価が人々の行動に影響を与え、人々の行動が株価に影響を与える。結果として、予想と現実とは懸《か》け離れたものになっていく。

合理的期待理論の嘘

従来の経済学の世界では、大変な手間をかけて「再帰性」を含まない経済モデルが組み立てられてきた。経済学の黎明《れいめい》期には古典派の経済学者たちが、「市場参加者たちは〝完全な知識〟にもとづいて意思決定を行う」と仮定していた。また、もっと後の、完全競争が最も効率的であるとする経済学の中核的な理論は「完全情報」、つまり市場参加者の誰もが完全な情報をもって経済活動を行っているという前提が必須だった。この仮定にもとづいて、経済学者たちは需要《じゅよう》曲線や供　給《きょうきゅう》曲線を組み立て、これらの曲線に従って市場参加者は意思決定を行うと主張してきたのである。

やがて、この理論体系が非現実的だと批判されるようになると、一部の経済学者たちは開き直りにも似た反論を行うようになる。たとえばロンドン・スクール・オブ・エコノミクスで私の指導教官だったライオネル・ロビンズは、経済学は需要と供給の間の関係だけを扱うものであり、需要と供給のそれぞれが、どうやって決まるのかは、経済学の対象外だと主張した。

ロビンズは、需要と供給を互いに独立であると決めつけることで、両者が「再帰的」に繋がっている可能性を最初から除去してしまったのだ。こうした強引なアプローチは、後に合理的期待理論（すべての市場参加者は経済モデルを完全に把握し、すべての情報を合理的に利用して将来を予測するため、彼らの予測値と実際の値は一致するという仮説）において極限まで推し進められた。合理的期待学派の経済学者たちは、複雑な数式や計算など、あらゆる手段を用いて、「未来における市場価格もまた独立に決定され、また市場参加者の多数派が抱く偏見や不完全な認識には左右されない」という結論に達したのである。

私は、この合理的期待仮説は、金融市場の働きをほぼ完全に誤解していると考える。この仮説は、今や学界の外ではほとんど見向きもされないが、金融市場が自己修復的であり、均衡値に向かって収斂していくという彼らの考え方自体は、今や金融市場において重要な役割を演じるようになった、この誤った理論が、依然として複雑な金融商品や評価モデルの基礎なのだ。

だが、金融市場の現実は「市場参加者は完全な知識にもとづいて決断を下すわけではない」というものだ。人間においては認知機能と操作機能が「再帰的」に繋がっているために、どちらの機能も不確実性なり非決定性なりを排除しきれない。このことは、市場参加者にも、そしてマクロ経済運営に責任を負い、金融市場を監督・規制する金融当局にもあてはまることである。つまり、市場参加者も金融当局も、参加する状況については不完全な理解だけで行動しているのだ。認知機能と操作機能の間で両方向に作用する「再帰的」な関係につきものの不確実性は、除去不可能なのである。だが、この現実を理解しさえすれば、私たちの人間社会を理解する能力も、与えられた状況に対処する能力も、大幅に改善されるであろう。

社会現象と自然現象との差異《さい》

ここまで話したからには、私の概念枠組み《パラダイム》の中核となる考えに触れないわけにはいかない。

私は、社会現象は自然現象とは、その構造が異なっていると考えるものである。

自然現象においては、化学反応にせよ、物理法則にせよ、ある事実の一群を直接、次の事実の一群に結びつける〝因果《いんが》の連鎖《れんさ》〟が存在する。

だが、社会現象に関しては、この因果の連鎖ははるかに込み入っている。事実のみならず、参加者のその事実に関する解釈や、複数の人間間による解釈の相互作用もまた、因果の連鎖に加わってくるためだ。

いついかなるときにおいても、事実と意見の間には双方向の「再帰的」なつながりが存在する。一方では、参加者は状況を理解しようとする（認知機能）が、状況は「事実」と、その事実に関する「意見」の両方から成り立っている。もう一方では、参加者たちは状況に働きかけようとする（操作機能）が、その状況もまた、事実とそれに関する意見とで構成される。

こと社会現象においては、認知機能と操作機能の間の相互作用は因果の連鎖に干渉し、そのために因果の連鎖は、ある事実の一群から次の一群へとまっすぐには行かずに、参加者たちの解釈を反映し、またそれらの解釈に影響を与える。しかも、それらの解釈は事実を正確に反映するものではない以上、事態の展開には、自然現象には見られないような不確実性が混じってくる。さらに、その不確実性は、事実にも参加者の解釈にも影響する。自然現象にしても、必ずしも普遍《ふへん》的に妥当する科学的法則によって物事が決定されるとはかぎらないが、社会現象はなおのことそうなのだ。

そもそも「再帰性」という言葉は、論理学の世界で「モノがそれ自体との間に持つ関係」を表すのに使われてきた。私はこの言葉を少し異なった意味――参加者の思考と、参加者がまさに参加している、ある状況との間の双方向的な関係を説明する言葉として使っている。知識とは、通常、断定的な平叙文《へいじょぶん》の形で表される。ある平叙文が正しいのは、その文章が事実と一対一で対応している場合だけだ。これが、「真理の対応説」である。対応関係が存在することを証明するには、事実と、それら事実についての平叙文とが、互いに独立した関係でなくてはならない。

だが、私たちが理解しようとする金融市場は、明らかにこの条件を満たしていない。「市場参加者が知識にもとづいて意思決定を行うことが出来ない」というのは、そういう意味なのだ。したがって、市場参加者にとって不足している知識は、経験や本能、感情、儀式、あるいはその他の誤解などによって補塡されなければならない。そして、こうした市場参加者の解釈や誤解が、実際に起こる出来事の過程に不確実性をもたらすのだ。

なぜ「再帰性」理論は認められなかったか

ここまで述べたことは、自明と言ってよいと思う。問題は、私の主張する「再帰性」の概念が、なにゆえ一般には認められなかったかということだ。

金融市場の場合、私にはその答えがわかっている。「再帰性」を認めれば、経済学者たちが、自然科学者が自然現象を説明し予測するのと同じように、金融市場の動きを説明し予測することが出来ないという事実がはっきりしてしまうからだ。経済学の科学としての地位を確立し、さらにそれを守るために、経済学者たちは大変な努力を払って経済学から「再帰性」を取り除いてきたと言ってもよい。このように「理論と現実」とのズレを補正するような行為が、経済学以外の領域でも行われているか否かは、私には断定できない。あくまでも印象論だが、哲学の世界では、この問題はさまざまな形で克服されようとしてきた。たとえばアリストテレスは、認知機能にあたる純粋理性と、操作機能にあたる実践理性を区別していた。ただ、哲学というものの本質から、認知作用にばかり気を配って、操作機能に十分な重みを与えなかったのかもしれない。

分析哲学の世界でも、「言語行為」に関連して発生する問題が研究された。言語行為というのは、言及している状況に対して影響を与えるような発言である。ただし、分析哲学者たちが関心を抱いていたのは、主としてこの問題の認知的な側面だった。社会現象が自然現象とは別の構造であるという認識は、広まることがなかった。

私に強い影響を与えた哲学者のカール・ポパーは、「方法の単一性」という教義《ドクトリン》を打ち出した。自然現象を研究するにも、社会現象を研究するにも、同じ方法論が用いられるべきだというのである。現在も、自然科学なみの「科学性」を獲得しようと頑張る社会科学者の間では、ポパーのこの考え方は一般的に採用されている。

「再帰性」の理論は、思考と現実の間の関係に光を当てようと試みるものだ。ただし、これは、現実のごく一部にしか適用可能でない。自然現象の領域では、人が何を思おうと、起こることは起こる。それゆえ、自然科学は少なからぬ自然現象を説明し、かなりの程度まで予測することが可能なのだ。一方、「再帰性」は、社会現象に限定された性質である。より厳密に言うと、参加者が知識にもとづいて決断を下せないような社会現象である。ゆえに「再帰性」は、自然科学とはまるで異質な難しさを社会科学にもたらすものである。

人間の誤解は社会に大きな影響をおよぼす

「再帰性」は、参加者の見方と、事象そのもののありようとの間に成り立つ、一種の循環性、両者の間の双方向的なフィードバックが生み出す円環《ループ》だと見ることが可能である。人は、直面する状況そのものをもとに決断を下すわけではなく、その状況の認識あるいは解釈にもとづいて決断をくだす。彼らの決断は状況に影響を与え（操作機能）、状況の変化は参加者の認識も変える（認知機能）。

二つの機能には前後関係はなく、同時に作用する。フィードバックに前後性があれば、事実から認識へ、新しい事実から新しい認識へという、一定の事象の連なりが生み出されるだろう。だが、認知機能と操作機能は同時に発生する。その結果、参加者の認識も、実際の状況の展開も不確定的になるのだ。

後に見るように、「再帰性」の概念は、金融市場の動きを理解するうえで特に重要だ。その性質を循環性と呼ぼうと、フィードバック・メカニズムと呼ぼうと大した違いはない。だが、双方向的な作用は本物である。循環性は解釈の違いなどではない。循環性の否定こそが間違っているのであり、「再帰性」の理論は、その誤りを正そうとするものなのである。

社会の参加者は社会的現実に影響を与えることが出来る――未来は、彼らの決断によって形づくられていく――が、彼らは確たる知識にもとづいて決断を下すことは出来ない。現実社会の参加者たちは社会について何らかの見方を打ち出さなくてはならない。だが、その見方が現実と一対一で対応することはありえないのだ。

現実社会の参加者がそのことをきちんと把握しているか否かはともかく、彼らが現実に根ざしていない信念、いわば〝思い込み〟によって行動しなくてはならないことは、はっきりしている。現実の誤った解釈をはじめとする誤解は、社会的現実がどのように動くかを決めるうえで、通常理解されているよりも、はるかに重要な役割を果たしている。「再帰性」の理論の本質はまさにここにある。現在の金融危機は、その説得力に富んだ実例として使えるはずだ。「再帰性」の理論を、これから私はさらに精緻《せいち》に展開したいと思う。だが、その前に、長い年月をかけて、私がどのように、この理論を発展させてきたかを回想することが読者の理解の助けとなるように思う。そこで次章では、「再帰性」の理論を詳述《しょうじゅつ》する前に、まずこの理論と絡《から》めながら、私の人生をふり返ってみることにしたい。

第一部　危機の全体像

第二章

私はいかにして哲学者として挫折したか

私は常々、哲学という学問に関心を抱いてきた。幼い頃から、私は自分が何者であるか、自分が生まれ落ちた世界がどのようなものであるかを知りたいと思っていた。やがて、そのような知識欲に、自分の死についての好奇心が加わることになる。一〇代前半で、私は古代ギリシャの哲学者たちの著作に親しむようになった。だが、私にとって本当に重要だったのは一九四四年から終戦までの、ナチスによる祖国ハンガリーの占領であり、さらに一九四七年のイギリスへの移住だったように思う。

シベリア抑留を生き抜いた父

ナチス治下のハンガリーにおける私たち一家の経験については、すでに私の父が優れた本を書いているから、ここでは簡単に触れるにとどめよう。当時の私は一四歳の少年だった。家庭は中産階級に属していた。それがいきなり、ユダヤ人であるというだけの理由で、いつ拉致《らち》されて殺されるのかわからないという現実に直面することになったのだ。

幸い、私の父はこの異常な事態によく備えていた。父はロシア革命の時代をシベリアで生き抜いており、その経験から大いに学んでいたのだ。野心的な若者だった父は、第一次世界大戦が勃発すると、オーストリア＝ハンガリー帝国軍に志願する。そしてロシア軍の捕虜《ほりょ》となり、シベリアで虜囚《りょしゅう》生活を送ることになったのだった。

捕虜となっても父の野心的な性格は抑えようもなく、虜囚仲間が発行する新聞の編集長になった。新聞の名前は「厚板《プランク》」とされた。記事を書き記した紙片を、分厚い板に貼り付けただけのものだったからだ。

捕虜収容所での父の人気はたいしたもので、しまいには虜囚代表に選ばれた。ところが、ある日、近くの収容所から兵士が脱走して、罰としてその収容所の虜囚代表が射殺される事件が起きた。自分も同じ目に遭《あ》ってはかなわないと思い、父は虜囚仲間を組織して、集団脱走を試《こころ》みる。筏《いかだ》を組み立てて川伝いに海まで行こうという計画だった。

だが、父のシベリアの地理に関する知識は乏しく、シベリアの川がすべて北へ向かい、北極海に流れ込むことを知らなかった。父が率《ひき》いた脱走兵の集団は、筏で何日間か漂った挙げ句に、やっと自分たちが向かっているのが北極海だと気がついた。そこから文明世界にたどり着くまでは、さらに数ヵ月かかった。しかも、その間にロシアでは革命が起こり、父たちはその騒ぎに巻き込まれてしまう。あらゆる冒険を重ね、なんとか父はハンガリーに帰還することが出来た。皮肉にも、収容所でじっとしていたほうが、早くに帰国出来ていたはずだった。

帰って来た父は、戦争前とはまるで別人になっていた。シベリアで過ごした日々が、彼をすっかり変えてしまったのだ。野心を失い、人生をただただ楽しむことばかり考えるようになった。父は子供たちに、周囲の家庭とはおよそ異質な価値観を植えつけた。彼は富を蓄《たくわ》えたいとか、出世して世間的に認められたいという欲望を持たなかった。

むしろその逆で、父は生活に必要な糧が得られる分しか働かなかった。私は、父のお得意様の家に借金をしに行かされたことを覚えている。その金は、私たち一家のスキー旅行に使われたのだ！　旅行から戻った後の数週間、父は借金を返済しなければならないという理由で不平たらたらだった。ソロス家は決して貧しくはなかったが、かといって典型的なブルジョワ一家というのでもなかった。ただ、周囲と異質であることを私たちは誇りに思っていた。

映画『レイダース』のような少年時代

一九四四年三月一九日に、ナチス・ドイツがハンガリーを占領する。私の父は、ハンガリーはもはや平時ではなく、平時の考え方や価値観は通用しないことを早くから理解していた。父は私たち一家と数人の友人のために、ユダヤ人であることを偽《いつわ》るニセの身分証を用意した。父はニセ身分証を商売上の顧客たちに高く売りつけ、友人たちには無料で与えた。ニセの身分証を父から受け取った者のほとんどはナチス占領時代を生き延びた。これがおそらく、父の人生における最大の成功だろう。

ニセの名前と身分で生きることは、少年時代の私にとって、わくわくするような体験だった。私たち一家はもちろん、発見されて殺される危険に常に直面していたわけだし、実際、知人や隣人はどんどん殺されていった。だが、私たち一家は、生存したのみならず、周囲の多くの人々を助けたおかげで第二次大戦後には勝利者という位置づけになった。私たちは天使の側にいたのであり、とてつもなく成功する確率の低い仕事を成し遂げたのだ。

私は、自分がどれほど危険な暮らしを送っているのかを承知していたが、それでも心の奥底では自分が無敵だと信じていた。最高の冒険だった。映画『レイダース　失われた聖櫃《アーク》』の登場人物になったようなものだ。一四歳の少年にとって、それ以上望みうることがあるだろうか？

ナチスの追及を逃れる日々は、第二次大戦が終了し、ハンガリーが今度はソ連の占領下に入るという形で幕を閉じた。ソ連軍の進駐とともに、私たちの暮らし向きは目に見えて悪化した。相変わらずの冒険の日々で、困難な状況だったが、私たち一家はなんとか乗り越えることが出来た。スイス領事館が父をソ連の占領当局との連絡係として雇ってくれた。当時のスイスはハンガリーにおける連合国の利害を保護していたから、父の職は極めつけの要職だった。

連合国がそれぞれ代表部を設置すると、父はこの職から引退した。連合国各国のために仕事をすれば目立ちすぎてしまうと考えたからだ。これは賢明な決断だった。おかげで、後に迫害されずにすんだからである。だが、冒険の生活に馴染んでしまった私にとっては、日々の生活は味気なく、抑圧的に感じられるようになった。わずか一五歳で、五五歳の父親とそっくり同じように考えるようになった自分が、とても不健康であるように感じていた。

私は、父にハンガリーを出たいと言った。

「どこに行きたい？」と父が尋ねる。

「モスクワに行って共産主義を勉強するか、それともＢＢＣ（英国放送協会）ラジオを放送しているイギリスに行くかだと思います」

「ソ連のことなら、私に訊《き》きなさい。私はロシア革命の経験者なんだ。何でも知っているよ」

と、父は私に言った。こうして、選択肢としてはロンドンが残った。そこからまた苦労を重ねたが、一九四七年に私はロンドンに到着した。

ポパーの「開かれた社会」に憧れて

ロンドン生活は、最初のうちは意気消沈の連続だった。私はただの貧しい移民に過ぎず、友人もいなかった。ナチス占領下での緊迫した人生を送った直後だったこともあり、渡英当初は意気軒昂《いきけんこう》としていたのだが、外国では誰も私の体験になど興味を示そうとしなかった。まったくのアウトサイダーだったのだ。初めて孤独の念にとらわれた。


文字どおり無一文《むいちもん》になったこともある。ライオンズ・コーナーズ・ハウスでおやつを食べて代金を支払うと、ポケットが空っぽになったのだ。

「とうとう、どん底にまで落ちた」と、当時の私は思ったものだ。だが、こうも思った。

「ということは、ここから先は上昇あるのみだ。これも良い勉強だと思うことにしよう」

私はその後、ロンドン・スクール・オブ・エコノミクスの入学許可を待ちながら、ブレントフォードにある水泳プールで監視員として働くようになった。同時に、本も読みあさった。その頃に読んだ中に、カール・ポパーの“The Open Society and Its Enemies”（邦訳『開かれた社会とその敵』）があった。雷に打たれたような気がした。聖書に言うところの「啓示《けいじ》を得る」という体験は、こういうことなのかと思うほどに、この一冊の読書体験は強烈なものだった。

同著でポパーは、「ナチス思想も共産主義も〝究極の真理を獲得した〟と主張する点では、そっくりだ」と論じている。だが、究極の真理は決して人には知りえない存在である以上、ナチズムも共産主義も現実を歪《ゆが》んだ形で解釈しているはずだ。そして、そのような解釈を社会に適用するならば、どうしても暴力的な強制に頼らざるをえない。

ポパーはさらに、ナチズムや共産主義と対照的な社会のありようを描いて見せた。人間の手が究極の真理には届かないことを認識し、異なった考え方や利害を抱えた成員同士の平和共存を可能にする制度が必要だと、認めているような社会だ。これをポパーは、「開かれた社会」と呼んだ。ナチス・ドイツとソ連の占領を立て続けに経験してきた私は、一発でポパーの「開かれた社会」の信奉者となった。

ポパーの哲学著作も、私は読破していった。ポパーは、「科学哲学」の開祖であり、最高の科学哲学者でもあった。彼は、科学の理論それ自体の真正さは証明できないと主張した。どんな理論も、いずれは反証《はんしょう》されうる仮説として扱われなくてはならない。反証されない間は、単に「暫定的《ざんていてき》に真」であるにすぎないというのだ。理論が真であると検証するには無限の事例が必要であり、一方、理論が真でないと反証するには反例一つで足りてしまう。

このように、検証と反証とは非対称的だが、実はその非対称性にこそ帰納的《きのうてき》推論の問題を解決する鍵が隠されている。普遍的に成り立つとされる理論の真偽を確かめるのには、どれだけの事例を観察しなければならないのか、というのが帰納的推論における根本問題だ。だが、検証の代わりに反証を用いれば、帰納法に頼る必要はなくなる。これはポパーの科学哲学に対する最大の貢献だと私は思う。

普遍的なモデルが成り立つような経済学は役に立たない

私はポパー哲学に多大な影響を受けたが、もちろん他の著者の本も色々と読んだ。また、ポパーの主張のすべてを無批判に受け入れたわけでもない。特に、「自然科学と社会科学はともに同じ方法で検証可能である」とする彼の主張には反対だった。前述したように、私は自然科学と社会科学とでは根本的な差異があると考えている。

社会科学は、自ら考えて行動する人間が、参加する社会的事象を対象とするという点で、自然科学とはまったく異なっている。社会的事象の参加者たちは、自分たちの不完全な社会理解に従って決断を下す。彼らは存在しない、偽りの社会的現実に従って行動し、そのことが社会そのものを変えていくわけだが、これは自然現象では起こりえないことだ。このため、社会科学には自然科学とは異なったパラダイムや基準が必要とされる。もっとも、自然科学と社会科学の間ではっきりした境界線を引くことは不可能かもしれない――たとえば、医学とか進化心理学は、どちらに入るのだろう？

とにかく、私の思想は色々と変化を遂げてきたが、原型はすでにロンドン・スクール・オブ・エコノミクスの学部学生時代に出来上がっていた。私は経済学を専攻していた。私は数学があまり得意でないせいもあって、経済学の数学モデルの基礎となっているさまざまな前提に、次第に疑問を感じるようになった。「完全競争が最も効率的な結果をもたらす」という理論は、企業や消費者が完全な情報を持っているという仮定のうえに成り立っていたわけだが、それは人間の理解力は本質的に不完全であるというポパーの主張に正面から対立する考え方だったのだ。

その後、経済学は発展を重ね、完全情報の仮定を捨て去った。だが、すぐに代わりとなる他の仮定が考えられて、経済学は相変わらずニュートン物理学のような、普遍的に成り立つ理論体系であり続けている。経済学の理論体系はますます複雑怪奇になり、現実の一部しか反映していないような経済学の宇宙が次第に出来上がっていった。その宇宙では、市場における均衡だとされる姿を数理モデルが描き出す。私は数学モデルよりも現実の世界のほうに興味があったので、結果として「再帰性」の概念を育てていくことになった。

「再帰性」は、ニュートン物理学のように、確定的な結果を出すものではない。むしろそれは、不完全な理解にしたがって行動する参加者たちがいるような状況に不可避《ふかひ》の、非決定性の要素を重視するものだ。金融市場においては、すべての変数が均衡点に向かうようなことはなく、むしろ均衡を失ったかのように、あらゆる方向にすべてが動いていく。繰り返し出現するパターンはあるかもしれないが、実際の通り道はどれ一つとして同じでなく、しかも不確定だ。このため「再帰性」の理論は、一回しか起こらないような事象を理解するための理論、つまり歴史の理論となる。

同時に、「再帰性」の理論は、決して科学的なものとは言えない。なぜならば、決定論的な説明も予測も提示することは出来ないからである。「再帰性」の理論は、人間社会に起こるさまざまな出来事を理解するためのパラダイムでしかない。にもかかわらず、「再帰性」の理論は、私が後に金融の世界で仕事を始めると歴史の要所で大いに役立った。

均衡点から遠く離れた部分を見つけては「儲ける」

もっとも、このような私の哲学的探求は、学部学生として経済学を勉強するうえでは、あまり有効ではなかったというのが正直なところだ。試験も、合格すれすれの得点ばかりだった。それでも、世間の荒波から隔絶《かくぜつ》された学問の世界にずっと閉じこもって研究を続けたいというのが私の本音だった。西ミシガン大学カラマズー校で助手になるという話もあったが、成績が足りず、結局私は実社会に出ざるをえなかった。

その後、何年間かは職を転々としていた。

やがて私は裁定《さいてい》取引（株や為替などの売買で鞘《さや》取りを行う一般的な取引）の専門会社に就職し、まずロンドンで、次いでニューヨークで働くようになった。就職して最初に行ったのは、学生時代に学んだことをすべて忘れることだった。理屈をこねていては仕事にならないのだ。だが、長期的な視点で見れば、大学で学んだことは、やがて大いに役立つことになる。特に、私は自分で編み出した「再帰性」の理論を用いて、金融市場の好況と不況のパターンを描く「不均衡シナリオ」を組み立てることが出来た。

こうした努力が報われたのは、たいてい市場が均衡点からあまりに離れた領域に突入したときだった。なぜなら、いったんそうなってしまうと一般に受け入れられている経済学上の均衡モデルがまるで役に立たなくなってしまうからである。私は、均衡点から遠い市場を見つけ出しては、その後の動きを予測して儲けることに特化し、大きな利益を上げていった。

この成功は注目を集め、私は自分の方法を詳しく説明した本『ソロスの錬金術』を刊行する機会を得た。本のタイトルに、わざわざ胡散臭《うさんくさ》げな「錬金術」という一語を入れたのは、私の方法は、現在、科学的な証明に必須とされるいくつかの条件を満たしていないという点を強調するためだった。

私の金融界での成功がどこまで「再帰性」の理論のおかげなのかは、議論の分かれるところだ。というのも、「再帰性」の理論からは、明確な予測というものは基本的には生まれないからである。ヘッジファンドを運営するのには、リスクの高い環境の中で常に主観的な判断を下していかなくてはならない。これは大変にストレスのかかる作業である。私は、かつては背中の痛みなど、さまざまな心身相関型《そうかん》の症状を患《わずら》っていた。実は、こうした症状は、「再帰性」の理論と同じくらい市場を読み取るのに有益だった。

だがそれでも、私は自分の生み出した「再帰性」の理論を、とても重要なものだと考え続けた。「再帰性」の理論が大切で愛しいあまり、自分の考えを文章にして出版することをためらうほどだったのだ。本という形を与えれば、せっかく育ててきた「再帰性」の理論が、わが身から切り離されるような気持ちになっていたのである。また、どんな形で文章にしても、必ず不満は残るという見通しもあった。

本書で行っているように、「再帰性」の理論を短い文章にまとめることなど、冒瀆《ぼうとく》行為に思われた。少なくとも、本一冊分の長さが必要だと考えていた。だが、自分の理論のさまざまな論点を長々と書き記していくうちに、それはあまりに複雑になってしまい、ついに私は前の晩に自分で書いたことがまったく理解出来なくなってしまった。その後何度もこの話はしているが、その時点で私は哲学的探求を放棄《ほうき》して、現実世界に舞い戻り、迷いもなくどんどん大金を稼いでいった。

受け入れられなかった「ソロス哲学」

その後、私が哲学的探求を再開して、その結果を『ソロスの錬金術』として発表しても、書評では肝心の哲学の部分はほとんど無視された。私は傷ついた。自分は哲学者になり損ねた男だと考えるようになった。それでも、私は哲学的探求をあきらめることはなかった。

あるときなどは、ウィーン大学で「ソロス、哲学に再挑戦」という表題で講演を行った。講演会場は巨大で、私は聴衆を見下ろす司教座のような演壇から話をした。この仰々《ぎょうぎょう》しい舞台装置に勇気づけられて、私は威厳《いげん》をこめて話をすることにした。そして、その場の勢いで「人は誤りうる」という持論を展開した。その部分が、私の講演の最良の部分だったと思う。

今になって思えば、私の議論は正確さを欠いており、しかも私は自分の考えの有効性を誇張していた。結果として、私が批判していたプロの経済学者や哲学者は、私の議論を粗雑《そざつ》であるとして無視することが可能となり、私の論点を真面目に受け止めなくともよくなったのだ。

とはいえ、読者の中には私の誤った修辞《しゅうじ》の背後にひそむ考え方をきちんと見抜いて、それを正しく評価できる者もいた。これは特に金融関係の人間に多かった。私が成功を収めていたおかげで、彼らは私の成功の秘密を知ろうと躍起になっていた。そして、私の説明が曖昧模糊《あいまいもこ》としていたおかげで、彼らはいっそう感銘を受けたのだ。実は『ソロスの錬金術』の版元は、こうした効果を期待して、私の原稿に手直しを加えなかった。版元としては、〝カルト的人気〟を私の本に期待していたのである。いずれにせよ、今日にいたるまで、『ソロスの錬金術』は多くの金融界の住人によって読まれており、一部のビジネス・スクールでは教科書として使われているが、大学の経済学部では完全に無視されている。

悲しいことに、かつて私の伝記（邦訳『ソロス』）を書いたマイケル・カウフマンまでもが、私のことを「哲学者になり損ねた男」だという見方を受け入れてしまっているようだ。カウフマンは、著書の中で私の息子ロバートの次のような発言を引用している。

「父は椅子に腰かけて、なぜ自分があれをするのか、これをするのかと、一つひとつ理論でもって説明しようとするのです。だけど、子供時代のぼくは、そんな父を見て、『ああ神様、父さんの言っていることの少なくとも半分はガラクタだ』と思ったことを覚えています。だって、投資ポジションを変える理由が、『背中が痛くて死にそうだからだ』なんて父は言っていたんですよ。まるきり不合理なんですけど、父の背中が痙攣《けいれん》しだすと、何かよくないことが市場にも起こったって言うんです。

父と長いこと一緒にいると、父は自分の機嫌の良し悪しで、物事を決めていくのだということがわかるようになります。だけど、いつも自分の感情に理屈付けをしようとするのが父なんです。父はいつも、現実否認とまでは言いませんけど、自分の感情の合理化をし続けているわけです。見ていると、おかしいですよ」

「再帰性」理論で今のアメリカの閉塞状況を読み解く

私自身、自分の方法について深刻な疑問を抱いたことがある。私は自分の理論をとても真剣に受け止めていたが、他人も私の哲学を真に受けるべきかどうかという点については、まるで確信がもてなかったのだ。「再帰性」の理論は思考と現実の関係という、それまで哲学者たちがえんえんと議論してきた問題を扱っている。そんなテーマについて、何かしら新しく、独創的なことがこの私に言えるだろうか？　なんといっても、認知機能と操作機能は、各人の人生においても容易に観察されうるものだ。別の名称で、すでに存在しているに違いない。私が哲学に精通していなかったせいで、この点について確固とした結論に達することはいっそう困難となった。

だが、私はどうしても哲学者としても世間に評価されたかった。そして、その野心こそが私にとっての最大の足枷《あしかせ》となった。私は自分の哲学がきちんと理解されていないからこそ、それを説明し続けなくてはならないと感じた。私がこれまでに発表した本は、すべて同じパターンを踏襲《とうしゅう》している。どの本でも私の理論が繰り返されていた。

だが、時間の経過とともに、私は自分の理論を発表という形でわが身から切り離すことに対する拒否感を克服していった。自分の哲学を開陳する私の文章は短くなり、少しずつ明快になってきた。少なくとも私はそう感じている。私の最近の著作“The Age of Fallibility”（邦訳『世界秩序の崩壊』）は、最後の本にするつもりだったこともあって、初めて「再帰性」の理論を本の冒頭に持ってきた。だが、私は依然として、自分の哲学は他人が真面目に取り上げる価値を備えているのか確証が持てなかった。

ところが、あることがきっかけとなって、私の考えは変化した。当時私は、ジョージ・オーウェルの名作『１９８４』（邦訳『１９８４年』）で、すでに詳細に描写されていたようなプロパガンダの技術が、現代のアメリカでかくも成功を収めている理由を理解しようとしていた。『１９８４年』では、国の支配者であるビッグ・ブラザーが全国民を監視しており、真理省《しんりしょう》という嘘を垂れ流すための役所があり、体制に批判的な人間たちは容赦《ようしゃ》なく弾圧された。典型的な「閉じた社会」である。

対する現代アメリカでは、言論と思想の自由は憲法で保障されており、しかもマスメディアにも多元主義が貫かれることで、これらの自由には実体が与えられている。そんなアメリカは、典型的な「開かれた社会」のはずだった。にもかかわらず、ブッシュ政権は、まさにオーウェルが『１９８４年』で描いた、白を黒と言いくるめる人工言語「ニュースピーク」の世界へとアメリカ人を導いていったではないか。突然、私は「再帰性」の理論が、この問題を理解するうえで役に立つかもしれないと気がついたのだ。

それまで私は、オーウェルが想像したニュースピークのような虚偽言語は、『１９８４年』

に描かれたような「閉じた社会」でしか普及しないと考えていた。だが、これは、カール・ポパーが「開かれた社会」の優位点として挙げた、「言論と思想の自由は現実のよりよい理解に繋がる」という洞察を、あまりに真面目に信じていたせいだった。ポパーの主張は、政治的な議論が「現実のよりよい理解を目的とする」という前提が成り立つ場合には、正しいかもしれない。

だが、「再帰性」の理論によれば、人間には操作機能という機能があるのであり、政治的な議論は現実を操作することにも使えるということになる。政治家としては、政治的な議論をする際に、その議論の持つ認知機能を操作機能に対して優先させる必要は特にないのである。政治的議論を認知機能に特化させることは、知識の獲得という目的を最重要視している社会科学者にとっては正しいことだ。だが、選挙で勝利して権力を手に入れたいと考える政治家にとっては、政治的議論は目的達成の一つの道具でしかなく、当然、操作機能のほうが重要になる。

啓蒙《けいもう》の誤謬

この理解に達してから、私はそれまでポパーから無批判に受け継いでいた、「開かれた社会」の優位性という前提を疑うようになった。だが、この理解には、もう一つ別の効用があった。この理解のおかげで、私が創出したパラダイムには、私が個人的に気に入っているという以上の客観的な価値があると、私は確信したのだ。

「再帰性」と「可謬性《かびゅうせい》」（第三章で詳述）の二つの概念は、私たちの社会理解において重要な役割を果たす。広く信じられ、影響力の強い間違いを見つけ出して、その誤りを指摘することが出来るからである。それらの錯誤《さくご》の一つが「理性の存在意義は知識を生み出すことにある」というもので、これを私は「啓蒙の誤謬」と呼んでいる。

なぜこれが誤謬かというと、理性の操作機能が無視されているからだ。理性は往々にして、知識を生み出すのではなく、現実を操作するために用いられる。啓蒙主義の伝統がどれほど深く私たちの意識に根を下ろしているかは、私自身の経験からもわかる。ポパーの「開かれた社会」礼賛を無批判に受け入れることで、「再帰性」の理論によって理性の操作機能の重要性を主張していたはずの私が、「啓蒙の誤謬」に陥っていたのだ。

この結論によって、それまで私が抱いていた、自分の哲学の客観的意義に対する疑問は取り除かれた。その後、世界の金融システムを揺さぶり、世界経済を圧倒しかねない金融危機が発生した。人間の誤解や錯誤がどれほどの被害をもたらしうるかを、現在の金融危機は鮮やかに例証している。また、「金融市場は自動的に均衡点に向けて収斂していく」という現在の通念が間違っているのであれば、現在主流的なパラダイムとは完全に逆の主張である「再帰性」の理論が正しいことの、少なくとも一例くらいにはなるであろう。

今や私は、自分が編み出したパラダイムには、世間が注視するに足りるだけの価値があるという確信を抱き、これを一般の判断のために公表する心の準備が出来た。これまでも、私は自分の理論を発表してきたが、それらの努力は、どれも何らかの形で不完全だった。そうした不完全性も、本書では克服されていると願うばかりだ。

私の哲学を理解するのは読者にとっても手間であろうが、そうした手間を払うだけの価値がそこにはあると私は信じるものである。

第一部　危機の全体像

第三章

「再帰性」の理論

序文でも述べたように、一部の読者にとって、この章は難解で理解しにくいと思われる。金融市場の動向だけに興味のある読者は、この章を飛ばしてもらってかまわない。私の現状分析が正鵠《せいこく》を射ていると感じた方は、後からこの章を読み直してもよいだろう。ただ、私にとってはどうしても、この章を省略するわけにはいかないのである。金融危機の解釈が正しいこと以上に、この章で開陳している哲学は、私にとって最も重要なものだからだ。

可謬性

すでに「再帰性」の理論の有意義さについては議論をすませたので、ここから先は、第一章で述べたものよりもさらに複雑な論点を取り上げることが出来る。ここでは、私が長年にわたって発展させてきた哲学について、その結論を要約したいと思う。

まず、「可謬性」と「再帰性」との間の関連である。

人間は単に状況の観察者であるのみならず、参加者でもある以上、人間が入手しうる知識は不完全なものでしかなく、行動の指針としては不十分である。よって、何度か繰り返し述べているように、人は不完全な知識にもとづいて決断を下さざるをえない。これが「間違いうる可能性」すなわち「可謬性」である。「可謬性」なくして「再帰性」はない。人が完全な知識にもとづいて決断しうるのであれば、再帰的な状況の特徴である不確実性は除去されるからだ。

ところで、「可謬性」は再帰的な状況に限定されるものでもない。「可謬性」は、より一般的な条件であり、「再帰性」はその中の特別な例といえる。

人間の現実に対する理解は、本質的に完璧たりえない。なぜならば、人は現実のわずかな一部分でしかないからである。部分は全体を完全には包摂《ほうせつ》出来ず、人は現実を「理解」という形では「包摂」しえないのだ。人の脳は現実を直接に把握することはできず、現実から抽出《ちゅうしゅつ》した情報を通じてのみ、現実の一部を把握しうる。人間の脳の情報処理能力は限られており、一方、処理されるべき情報は無限に存在する。心はそのような情報の洪水を、一般化や直喩《ちょくゆ》、暗喩《あんゆ》、習慣、儀式、その他の手続きなど、さまざまな技法によって、なんとか手に負える水準にまで絞り込む。だが、そこにはどうしても歪みが生じてしまうために、現実を理解するという作業は、さらに複雑なものとなる。

完全な知識を得るためには、思考とその対象とを区別することが必要だ。事実は、それに言及する命題から独立した存在でなくてはならず、「何か」の理解を試みる者は、その「何か」から完全に距離を置いた観察者の立場に身を置かなくてはならない。人類は、そのような観察者の位置にたどり着こうと努力を重ねて、現に奇跡的な成果を挙げてきた。だが、結局は自分が理解しようとする状況の一部でしかないという事実を完全には克服しえないでいる。

私が自分のパラダイムを組み立て始めたのは、かれこれ五〇年以上も昔のことになるが、その間に認知科学は人間の心がどう機能するかを説明するうえで大いに進歩し、人の可謬性に対する洞察さえも提供してくれるようになった。

私が興味深く思う認知科学の知見はいくつかある。一つは、人の〝意識〟は比較的最近になって発生したものであるという点、もう一つは、理性と感情は不可分だという点だ。

こうした人間の心の特質は言語にも反映されている。たとえば、最も頻繁《ひんぱん》に用いられる隠喩は、視覚と動きという、すぐれて肉体的・動物的な機能に関連したものだ。「上」と「前」は「上向き」「前向き」など、良いことを示唆し、「下」と「後ろ」は「下向き」「後ろ向き」など、悪いことを示唆する。「明確さ」と「明るさ」は良く、「不明瞭《ふめいりょう》さ」と「暗さ」は悪い。日常言語で描かれる世界像は不正確で感情的なものでも、瞬時の決断をするうえで不思議なほどに効果的なのは、自然言語に潜む、こうした肉体性・動物性のおかげかもしれない。一方、論理と数学は日常言語よりも正確で客観的だが、生活の諸問題に対処するうえでは、あまり役に立たない。ただし、日常言語で語られる思考は、現実の厳密な表象《ひょうしょう》ではないおかげで、人は言語に頼って社会生活を営むことで生の複雑さをかえって増してしまう。

再帰性

私は思考と現実の関係を、両者の間で正反対の方向に作用しあう二つの機能を使って分析してみせた。そうして編み出されたのが、「再帰性」の概念である。だが「再帰性」を定義し、説明しようとするうえで、私はとてつもない困難さに直面した。

私は思考と現実とを区別して話を進めてきたが、実のところ私が本当に言おうとしていたのは、思考は現実の一部だということだった。「再帰性」とは、ある社会現象と、その社会現象の参加者の思考との間にある双方向的な繋がりに関する概念だが、そのような定義では、人と人との間にある双方向的な繋がりは除外されてしまうのだ。

だからといって今度は人と人との間の繋がりを議論に加えようとすると、「現実の客観的な側面と主観的な側面との関係」に加えて、「主観的な側面同士の関係」も扱わなければならなくなるのである（客観的というのは事象のありようであり、主観的というのは参加者の思考のことだ）。客観的な側面は一つしかないが、主観的な側面は参加者の数と同じだけ存在する。ある社会現象に参加する人間同士の直接的な関係は、その社会現象がその全過程を完了するまでの間も発生している以上、理解と社会現象との間の関係よりも、いっそう「再帰的」であることだろう。

ひとたび客観的側面と主観的側面を区別できるようになれば、私たちは「再帰的」な事象と「再帰的」な命題の間の区別もつけなくてはならない。「再帰的」命題は、人と人の直接的な関係に属するものであり、そうした関係は事象そのものよりも「再帰的」である可能性が高い。

たとえば、「雨が降っている」という、客観的な命題を考えてみよう。この命題は真かもしれないし、偽かもしれないが、再帰的な命題ではない。だが、「君は僕の敵だ」といったような命題の真偽は、相手の行動いかんによって決まってくる。これは、「再帰的」な命題だ。「再帰的」命題は、「自己言及《じこげんきゅう》のパラドックス」にも似ている。

最も有名な自己言及のパラドックスは、エピメニデスが言ったとされる「クレタ人はいつも嘘をつく」というパラドックスだ。この命題が真であれば、クレタ人哲学者エピメニデスは嘘をついていないことになり、この命題は偽となってしまう。命題が偽であれば、クレタ人は嘘をつかないということになり、やはりエピメニデスの発言と矛盾が生じる。

ただし、自己言及のパラドックスにおける不確定性が、あくまでも命題の意味内容に関するものなのに対して、「再帰的」命題の不確定性は、命題が現実におよぼす影響によるものである。クレタ人のパラドックスにおける両義性は、この命題が現実におよぼす影響とは関係なく成立する。一方、「君は僕の敵だ」の場合、真偽のほどは、「君」の行動次第である。

「再帰的」な過程において不確定性をもたらすのは、ある状況における客観的側面と主観的側面の対応関係の欠如だ。ある状況下で、認知機能と操作機能が同時でなく、前後関係をもって作用しても、その状況は依然として再帰的なものでありうるし、時間をかけて生成する一つの過程ということになる。参加者の思考も、状況そのものも、その過程の最初と最後で異なったものであり、しかもその変化が参加者たちの誤認や誤解の結果としてもたらされたものであり、その結果として純粋な不確定性が生じた場合には、その過程は「再帰的」だとされる。その場合、その状況が最終的にどのような形をとるかは科学的な意味では予測不能となる。

「再帰性」が最もよく発生し、それを研究する上で最良でもあるのが金融市場だ。というのも、金融市場はそうした科学的な予見を可能とする法則性に従って動いているとされているからである。また、金融市場においてさえ、明らかに再帰的な過程は、たまにしか発生しない。通常、金融市場は統計的な法則に従って変化するように見えるが、時にそうした法則が妥当しなくなってしまう。したがって、予見可能な日常的な出来事と、予見不能な「再帰的」過程とは区別されるべきである。歴史の流れを変えるのは後者の再帰的過程のほうであり、それゆえにとても重要である。

こう考えてくると、歴史的な事件は「再帰的」であり、その点で日常的な出来事とは本質的に異なっているという言い方も成り立つように思われる。だが、それは誤りだ。大地震のように、「再帰性」を欠いた歴史的な大事件の例は、いくらでもある。あえて「再帰的」な過程を定義すると、現実の客観的な側面も、主観的な側面も、変化させずにはおかない出来事——くらいになるであろうか。

人間の不確実性の原則

「再帰性」の際立った特質は、ある事象の参加者の思考に不確実性を、そしてその事象に不確定性を、それぞれ導入したということにある。再帰性は、物理学者のヴェルナー・ハイゼンベルクが考案した量子力学における不確定性原理にいくらか似ているが、そこには一つだけ大きな違いがある。量子力学が扱う現象は、思考する参加者を持たないという点だ。ハイゼンベルクによる不確定性原理の発見は、量子や波動の動きを少しも変化させなかったが、「再帰性」の存在を認めることは人間の行動を変えるかもしれないのである。

「再帰性」の属性としての不確定性は、社会科学の観察対象となる、ある事象の参加者たちのみならず、人間行動に普遍的に妥当する法則を打ちたてようとする社会科学者をも変化させることになるのだ。観察者にも発生する不確定性を指して人間の不確実性の原則と称することも可能と思われるが、そうなると社会科学の諸分野は、いっそう複雑になってしまうだろう。

西欧の知的伝統「二元論」との対立

私が「再帰性」を論じるうえで遭遇《そうぐう》した困難のほとんどは、私が「再帰性」の存在を認めない言語を使用して議論を組み立てざるをえなかったことから来ていた。

私は、ある事象の参加者の思考と、現実の事象との間の、双方向的な繋がりを明らかにしようとしてきたが、実はこれは、思考と現実とを切り離すことに多大な努力を払ってきた西洋の知的伝統に、真っ向から反抗する試みだったのだ。デカルトの心身二元論、プラトンにおける、観察されうる現象と、現象の背後に隠されたイデアとの区別、マルクスの上部構造と下部構造、命題と事実の二元論、あるいは私の言う現実の主観的・客観的側面といった、一連の二元論的思考こそが西洋思想の本流なのだ。

これらの二元論がどうやって生まれたかは十分に想像がつく。認知機能の目的は、知識を生み出すことだ。知識は事実に対応する命題を必要とする。対応関係があることを証明するには、命題と事実を別々の範疇《はんちゅう》として扱わなくてはならない。このため、知識を追求すれば思考と現実とは区別されることになる。古代ギリシャ哲学に由来するこの二元論は、啓蒙主義を通じて私たちの世界の見方を支配するようになった。

啓蒙主義の哲学者たちは理性を信じた。彼らは現実を理性から独立した、まったく別の存在として理解し、理性は現実の完全で正確な像をもたらすものと期待した。暗がりの中に横たわり、発見されることを漫然と待ち受けている客観的現実を、理性はサーチライトのように照らし出すはずだった。そして、思考する主体の決断が状況に影響を与えるという可能性は、思考とその対象物を区別するという原則に違背《いはい》するという理由で、考慮の外とされた。つまり、啓蒙主義は「再帰性」を見落としていた。啓蒙主義は、操作機能が認知機能に干渉することのない、理想化された世界を考察していたのだ。

それどころか、実は啓蒙主義は、操作機能が存在することを完全に見落としていた。啓蒙主義では、思考の唯一の目的は知識の追求だと仮定したのである。「われ思う、ゆえにわれ在《あ》り」と言ったとき、デカルトは、純粋理性のみに焦点を当てることで、アリストテレス哲学とは一線を画した。アリストテレスが実践理性と呼び、私が操作機能と呼ぶものを無視したのである。

結果として、現実の像としては歪んだものが生み出されたが、それはデカルトが生きた時代にはふさわしいものだった。啓蒙時代の人類は、まだ自然の力をほとんど制御《せいぎょ》出来ず、それに関する知識も乏しかった。なんといっても、一八世紀の時点では、地球にはまだ西洋人に発見されていない大陸が残されていたのである。だが、科学的方法は重大な成果を挙げていく。事実を集め、その間の関連を分析するだけで、多大な成果が生まれていった。知識はさまざまな場所から、あらゆる方法で入手された。何世紀もの間西洋を支配していた迷信は、理性によって追い払われ、勝利感に満ちた進歩がその空白を埋めていった。科学的方法には無限の未来があるように思われたのだ。

啓蒙主義は、知識の無限の獲得が可能だとする考え方だった。啓蒙主義は、思考と現実の関係を一方向のものとしたために、事実に対応する命題を次々と生み出すことによって、現実は完全に理解されうるとしていた。この観点――ポパーの言うところの「包括的《ほうかつてき》合理主義」は、二〇世紀初頭のウィーンで花開いた論理実証主義で頂点に達する。

論理実証主義というのは、意味があるのは検証可能な経験的命題だけであり、形而上学的《けいじじょうがく》な議論には意味がないとする立場である。論理実証主義の哲学者たちも、事実と命題が、それぞれ別の宇宙に属しているかのように扱ったのである。事実宇宙と命題宇宙の間の繋がりは、真である命題には事実が対応し、偽である命題には対応する事実がない、というだけのものだった。

これが「真実の対応理論」の基礎だった。命題もまた、事実の一つたりうるという可能性は、ほとんど見過ごされたのである。

無意味な解決法

いっぽう、前述した自己言及のパラドックス（エピメニデスのパラドックス）については、多大な注意が払われる。ウィーン学団（ウィーン大学の哲学者、科学者を中心とするグループ）の一人だったルートヴィヒ・ヴィトゲンシュタインをケンブリッジに連れていったイギリスの哲学者バートランド・ラッセルは「自己言及的な命題とそれ以外の命題という二種類の命題がある」とすることで、嘘つきのパラドックスを「解決」した。自己言及的な命題の真性は、明確に決定出来ないので、意味のある命題の宇宙から除外するべきだと主張したのである。

この「解決」は、事実と命題の間の区別を純粋なままに保つうえでは、確かに役に立った。だがそれでは、人間は自分に関わりのある事柄について、自由に思いをめぐらせることが出来なくなってしまう。それどころか、自分を意識することさえ出来なくなってしまうのだ。

こうしたラッセルの「解決」の馬鹿らしさは、ヴィトゲンシュタインが大著『論理哲学論考』で指摘することになる。同書の末尾には「本書を理解した者は、本書が無意味であることを理解しなければならない」と書いてある。それから間もなく、ヴィトゲンシュタインは理想的な論理的言語の探究を放棄して、日常言語の働きを研究するようになった。

豊穣《ほうじょう》な誤謬

私は、誤った考えでありながら成果をきちんと生み出すようなものを、「豊穣な誤謬」と呼んでいる。豊穣だというのは、欠陥《けっかん》が見つかる前に、その考えが建設的な結果を生み出すからである。誤謬だというのは、その考えの現実理解が本質的に不完全だからだ。

啓蒙主義が採用した思考と現実の二元論などは、さしずめこの「豊穣な誤謬」の好例ということになる。啓蒙主義の理性に対する信頼には前述したように問題もあったが、それでも間違いなく大変な成果を挙げることとなった。だからこそ、啓蒙主義はその誕生から二世紀にわたって支持され続けたのだ。

「豊穣な誤謬」は、他にもたくさんある。いや、実は、およそ文化と名のつくものは、すべて「豊穣な誤謬」に根ざしているのではないか。

もちろん、私たちは知識を獲得することが出来る。だが、その知識が有益であればあるほど、私たちはその知識を過剰に使用し、それが妥当しない領域にまで拡張しようとする。そうなると、その知識はもはや誤謬である。啓蒙主義に起きたのも、まさにそれだった。啓蒙主義の考え方は、西洋文明に深く染みこんでおり、捨て去ることは難しい。啓蒙主義の伝統に対して批判的な者の文章にも、啓蒙主義の考え方は浸透している。私の著述も例外ではない。

ポパー科学方法論の枠組み

カール・ポパーは、ヴィトゲンシュタインに対して批判的で、彼の包括的合理主義の考え方には同意しなかった。ポパーは「理性は一般概念の真性を疑いの余地なく定めることが出来ない」と主張した。個々の観察事例をいくら積み重ねても、そこから普遍的に妥当する一般概念を帰納的に抽出することは不可能だという理由から、科学的法則も完全に真であるとは言えないというのがポパーの主張だった。科学的方法が最も効果的なのは、包括的懐疑の態度をとった場合である。科学法則は反証されるまでの間、暫定的に真なだけだとされるのだ。

さらにポパーは、三つの要素と三つの作業から成る、簡単で美しい、エレガントな科学的方法の枠組みを構築した。三つの要素とは、それぞれ「初期条件」、「最終条件」、それに「不変的に有効な一般概念、あるいは科学的法則」である。

三つの作業とは、予測、説明、そして実験だった。初期条件と科学的法則が組み合わさると、予測が出てくる。最終条件と科学的法則が組み合わさると、説明が出てくる。

つまり、ポパーの枠組みにおいては予測と説明は対称的であり、置き換え可能なのだ。

この枠組みに欠如しているのは、法則の証明だが、ポパーの科学的方法というものの理解に対する貢献は、この点にこそ集約されている。ポパーは、科学的法則は証明出来ない、可能なのは反証だけであり、反証こそが実験の役割なのだと主張した。そして、反証の対象とならないような命題は科学としての資格を持たないとされた。

科学的法則は、初期条件と最終条件を並べることで試される。この両者の組み合わせが、問題の科学的法則に合致しなければ、その法則は反証されたことになる。法則に合致しない事例が一つあれば、それで一般概念の価値を破壊するのに十分である。逆に、法則に合致する事例がどれほど多数あろうとも、疑いの余地なく一般概念を証明することにはならない。つまり、検証と反証とは、非対称的である。予測と説明の間の対称性と、実証と検証の間の非対称性、それに「証明ではなく反証のため」という実験の役割の三つが、ポパー科学論の特徴だ。

科学的法則の真性は証明されえないというポパーの主張によって、初めて帰納法の問題点が解決される。「有史以来、常に太陽が東から昇っているからといって、これからもずっとそうであり続けると信じるべき根拠はあるのだろうか?」。このような問いに対して、ポパーであれば「太陽が西から昇るまで、暫定的に信じていればよい」と答えるであろう。

ポパーのこの科学論は、実験が科学的方法において占める中心的な役割を強調する。科学が成長し、改善され、刷新することを可能にする批判的な思考を擁護《ようご》するものでもある。だが、ポパーの科学論の多くの側面は、哲学の世界で批判されてきた。たとえば、ポパーは実験《テスト》が厳しければ厳しい《シビア》ほど、それを克服してなお残るような一般原則の価値は大きいと主張する。哲学の世界では、実験の厳密性や一般原則の価値といったものが測定可能かどうかを疑問視する。にもかかわらず、ポパーの主張は私にとってはまったく正しいものに思われる。そして、私の株式市場での経験から、ポパーの正しさを証明するような例を引き出すことも可能だ。

アメリカの貯蓄貸付組合危機のさ中の一九八六年のことである。当時、金融の世界ではモーゲージ・ギャランティー・インシュアランスという住宅ローン抵当保険会社が潰れるのではないかという懸念が非常に強かった。同社の株価は急落したが、私は同社のビジネスモデルは厳しい試練《シビア・テスト》に十分打ち勝てるほど健全だと判断して、逆に株を買い入れた。この読みは当たり、私は大儲けすることになった。一般論として言えば、投資命題が広く流布している見方からずれているほど、それが正しいときの報酬は大きいことになる。私が哲学界の多数派以上に、ポパーの方法論に強く賛同するのは、こうした経験則のおかげなのだ。

方法論の単一性を放棄する

「究極の真理は理性によっては到達しえない」という素晴らしい洞察にもかかわらず、ポパーは科学的方法論の単一性という自説には固執《こしつ》していた。これは社会的事象と自然現象のいずれを研究する際にも、同じ方法論と基準が適用されるべきだという考え方である。

だが、これは無茶である。社会事象の参加者たちは、「可謬的」な現実理解にもとづいて行動するのだ。彼らの「可謬性」によって社会的事象には不確定性が発生する。そのような不確定性は自然現象には存在しないものだ。この差異は、きちんと認めねばならない。

私はこの、自然科学と社会科学との違いを、「再帰性」の概念を導入することで浮き彫りにしようとした。自己言及の問題が、すでにラッセルなどの哲学者によって幅広く分析されてきたことは、すでに見たとおりだ。だが、自己言及は命題に関してのみ生じうることだ。命題の宇宙と事実の宇宙を区別することが現実を歪曲するものであるとすれば、自己言及に似たことは事実の領域にもあるのではないか。この、事実の領域における関係こそ、「再帰性」の概念でもって私が言い表そうとしているものである。

この概念は、オースティンとサールの言語行為に関する業績において、ある程度までは探究されたが、私はこの概念をもっと広い文脈の中で考えている。「再帰性」は、双方向のフィードバック機構であり、単に命題の真性を不確定とするのみならず、事実の展開にも不確定性をもたらすことで、命題も事実も影響を受けることになる。

だが、私はこれほど「再帰性」の概念を深く考えていたにもかかわらず、ポパーの「開かれた社会」の理想が孕《はら》む欠陥に、なかなか気づかずにいた。政治的な問題についての対話は、真理の探究にのみ向けられているわけではないというのが、その欠陥の本質だ。ポパーも自分も真理の探究ばかりを考えていたせいで、この誤りを犯したのだと、今では私は考えている。幸い、この誤りは致命的なものではない。というのも、批判的思考を擁護する理屈は無傷であり、しかも誤りは修正されうるからだ。私たちは依然として自然科学と社会科学が異質であることを認めうるし、私たちは依然として真理の探究を開かれた社会の前提条件として提示することが出来るのである。

真実の探求

現実が操作可能であることがわかった現在、真実の探求に献身することは、啓蒙主義の時代に比べて、ずっと難しい。まず、何をもって「真実」とするかを決めることが、ずっと難しくなっている。啓蒙主義においては、現実は客観的であり、ゆえに「知ることが出来る」とされていた。だが、事象が参加者のバイアスのかかった信念や誤解に依存して決まってくるのだとすると、現実とは移動し続ける標的のようなものとなってしまう。

真実の探求が困難になった、いま一つの理由は、真実の探求が、なにゆえ権力の追求に優先されなくてはならないのかが、まるで自明とは言いがたいからだ。仮に有権者が真理の探究こそが重要であると確信したからといって、どうすれば政治家を正直にさせることが出来るのかは、まるでわからない。

「再帰性」の理論は、この問いに対して、部分的ながら解答を与えるものである。もっとも政治家を正直にする方法は、「再帰性」の理論をもってしても解答不能だと言わなくてはならない。「再帰性」の理論は、誤解が意図せざる、とんでもなく悪い結果をもたらすからこそ、真実の探求は大事なのだと教えてくれるだけだ。

「われわれは歴史なのだ」と大言するブッシュの側近

私が「ポストモダン」の視点に興味を持つようになったのは、つい最近のことだ。まともにポストモダン理論を研究したわけでも、完全に理解したわけでもなかったが、「再帰性」の理論と衝突するように思えたせいで、これまでは相手にしないでいたのである。

私にとってポストモダン思想とは、啓蒙主義が示した理性への行き過ぎた信頼、具体的には「理性は現実を完全に理解しうる」という考え方に対する行き過ぎた反発でしかなかった。ポストモダン思想と、全体主義イデオロギーや「閉じた社会」との間に直接的な繋がりはないものに思われた。だが同時に、あまりに多様なものの見方に対して寛大でありすぎるために、ポストモダン思想は全体主義イデオロギーの成長を許容する可能性があることは、見当がついた。

だが、最近では、私の見方も変わってきた。ポストモダンの流儀とブッシュ政権のイデオロギーの間に、直接的な繋がりがあると考えるようになったのだ。この洞察は、二〇〇四年一〇月にロン・サスキンドが『ニューヨークタイムズ・マガジン』に発表した論考がもととなっている。その一節を抜粋してみよう。

「二〇〇二年の夏に……私はブッシュの有力側近と会って話す機会があった。彼はオニール元財務長官の回想録『忠誠の代償』(訳者注・サスキンドは共著者。ブッシュ政権の内幕を赤裸々に暴露して話題になった)について、ブッシュ本人を含む彼の周囲が不快に思っていることを述べた。有力側近氏は、それから、次のように述べた。

まず彼は、私たちジャーナリストが、彼らの言う『現実に根ざしたコミュニティ』に属しているのだと言った。それは、認識可能な現実を真面目に研究して、そこから浮上してくる解決を信じる類の人間だと、彼は説明を加えた。

私はうなずいて、啓蒙主義の諸原則と実証主義について口にしようとした。だが有力側近氏は、私の発言をさえぎって『それは、もはや時代遅れなのだ』と言うではないか。『アメリカは帝国なんだから、われわれが何か行動を起こせば、現実はそこで変化していく。そうやって出来上がった現実を、君のような現実コミュニティの住人は、一生懸命研究するだろう。だが、君が何の結論も出せない間に、われわれはまた行動を起こし、さらに現実を変えていく。それを君はまた研究することだろう。そういうものさ。われわれは歴史の主体であり、君たちジャーナリストや学者は、われわれの行動を研究するだけなのだ』

当時の私には、この発言の趣旨は、完全に理解できなかった。だが、これが実はブッシュ政権の核心に触れる発言だったことは、今となっては、あまりに明らかだ」

この有力側近というのは、おそらく策略家として有名なカール・ローヴだろう。彼は、単に真実は操作可能だと言っているだけではない。彼は、真実の操作のほうが、真実を知らせることよりも優れた手法だと主張しているのだ。真実の探求が不毛であると宣言し、加えて情報操作を絶えず行うことで、彼の主張は真実の探求を妨げることになる。さらに、現実のローヴは、世論操作でもって大統領の権限と権力を拡張して、アメリカ市民の自由を蝕《むしば》んできた。これこそまさに、ブッシュ政権が「テロとの戦争」を継続したことの代価なのだ。

ブッシュ政権はテロとの戦争を口実にイラクに侵攻した。これは情報操作としては史上屈指の成功例だが、同時にその結果はアメリカにとってはもちろん、ブッシュ政権にとっても破滅的としか言いようのないものだった。今やアメリカ市民は目を覚ましつつある。まるで悪夢が過ぎ去ったかのようだ。

現実は厳しく、真実を操作すれば、いずれ自らが傷つく。私たちの行動がもたらす結果が、私たちの期待からずれることは、しばしばある。同様に、たとえどれほど権力があろうと、自分の意志を一方的に全世界に押しつけることは出来ない。まず、世界がどのような仕組みで動いているのかを、学ばなくてはならないのだ。完全な知識は、人の手が届くものではない。だが、可能なかぎりそれに接近しようとする努力は放棄してはならない。やはり、現実を理解することは、現実を操作することに対して優先されるべきなのである。

だが、現状はどうだろうか。政治において権力の追求は、真理の探究に対して優先されてはいまいか。ポパーと、私などのポパー派の人間は、人は誰でも真理を探究しようとするものだと思い込むことで誤ってしまった。だが、この誤りを認めたからといって、「開かれた社会」の理想を放棄することも、また間違いであろう。むしろ、ブッシュ政権の愚行から、「開かれた社会」こそが優れた社会なのだという信念を、われわれはさらに強化すべきなのである。

とはいえ、「開かれた社会」がどのような条件を満たすべきかという定義に関しては改める必要があるだろう。自由な選挙、個人の自由、三権分立《さんけんぶんりつ》、法治主義など、自由な民主主義社会にお馴染みの諸条件に加えて、為政者《いせいしゃ》に一定程度の正直さを求める選挙民もまた、「開かれた社会」の条件として重要なのだ。そうした正直さの度合いと、何をもってそれを計るかということは、まず注意深く議論され、しかる後に市民のコンセンサスとならなくてはならない。

政治はどう議論されるべきか

科学哲学者だったカール・ポパーが定めた科学的方法の基準を、そのままの形で政治に当てはめるわけにはいかない。だが、ポパーの科学論は、よりすぐれた政治制度を樹立する際に、よき参照点となるであろう。

すでに、科学と政治との違いとして二つ、重要なものが特定されている。一つは、政治は真理の探究よりも権力の追求を最大の目的として重視するということだ。もう一つは、科学においては事実という客観的な基準が存在するのに対して、政治においては、事実は参加者の決断に従って変化してくるということである。

私は「再帰性」のせいで、社会科学はどれも自然科学の基準を満たすことが出来ないと論じた。社会的事象の過程は本来的に不確定なのだから、いくら科学的方法をあてはめても、確定的な予測や説明をもたらす一般化は不可能なのだ。むしろ、私たちは確定的な予測ではなしに、直感や多様なシナリオで満足するべきなのである。

今にして思えば、私は社会的事象を観察する社会科学者の役割を検討するのに時間を費やしすぎ、社会現象において参加者の果たす役割を十分に分析してこなかったようだ。そのせいで、政治は真理の探究よりも権力の追求を優先させるという、ポパーの「開かれた社会」の欠陥に気づかなかったのだ。

ところが不幸なことに、この前提条件がどうすれば満たされるのか、はっきりした解決策が私には思いつかない。未解決の問題として提示出来るだけである。これは驚くには値しないだろう。一個人の手に負える問題ではないのだ。なにしろ、一国の国民の大多数の態度が「政治に正直さを求める」といった具合に変わらなければならないのだから。

アメリカ建国から二〇〇年間にわたり、政治的な議論を行う者は「正直さ」「反対意見に対する敬意」などといった点において、今日よりもずっと高い基準を守っていたように思えてならない。もちろん、過去を現在よりも美化して見るのは老人に一般的な傾向だということは、私も十分に理解している。だが、この点に関しては、私は「啓蒙の誤謬」、つまり「理性の存在意義は知識を生み出すことにある」という誤謬を用いることで、自分の主張の正しさを証明出来る。人々が理性の力を信じているかぎりは、その人々はまた真理の探究の価値も認めていることになるのだ。ところが、今や私たちは現実が操作可能だと気がついてしまった。おかげで、理性の力に対する信念も揺らいでいるのである。

新たな真理が人間を無力にするパラドックス

換言すれば、かつてのアメリカの政治家の高潔さは理性の力という幻影に根ざしていたが、現実は操作可能だという真理の発見によってその高潔さは弱められてしまった。人々に力を与えるはずの知識が、逆に無力さを招いてしまったわけで、これも一つのパラドックスだと言えよう。理性的な対話でひたすら相手を説得しようとする「啓蒙の誤謬」の信奉者よりも、事実を無視して、ひたすら感情に訴えるカール・ローヴのほうが、政治的によほど成功をおさめてきたことも、この結論を補強するであろう。「テロに対する戦争」が最強のスローガンとなったのも、死に対する恐怖という、人間の最も強い感情に訴えたからだった。

かつては珍しくなかった政治家の志――彼らの人格の高潔さを再建するには、たとえ操作可能なものであっても、現実はやはり重要であるということに人々が気づかなくてはならない。言葉を変えれば、人々は「再帰性」を受け入れなくてはならないのである。

これは容易な作業ではない。「再帰的」な現実は啓蒙主義が追求していた現実よりも、はるかに複雑なのだ。にもかかわらず、現実についてよりよい理解を得ることは、啓蒙主義の時代におけるのと同じくらい現代においても重要であり、この点において「再帰性」を受け入れることは、前進するための重要な一歩となるであろう。前著で私が「私たちは理性の時代から『可謬性』の時代へと前進しなくてはならない」と言ったのは、まさにこのことを指していた。

宗教と科学とイデオロギー

「可謬性」と「再帰性」は、どちらも受け入れにくく、どちらを使って理論構築をするのも容易でない考え方だ。われわれは社会的現実の参加者として、絶えず決断し、行動することを求められることになる。だが、自分が常に間違っている可能性があり、しかも自分の行動に意図せざる、己に不利な帰結がありうるとすれば、自信をもって行動することは不可能であろう。究極の真理だと主張する教義なり信念の体系なりを頼るほうが、ずっと心地良いはずだ。

だが残念ながら、望ましいことがいつも実現可能とは限らない。究極の真理は、人間の知性のおよぶものではない。ナチスのように完全な確実性を約束するイデオロギーは、必ず間違っているものなのである。そして、人々がそのようなイデオロギーに身を投じることを防ぐのは、この洞察だけなのだ。

究極の真理が到達不能であるという事実は、宗教を排除するものではない。むしろ、知識を得る能力が尽きるところから、信じることの可能性が開かれる。知識に基づいて判断を下すことが出来ないと主張することは、宗教的なものであれ、世俗的なものであれ、信念に頼ることを避けられないと認めるのと同じことだ。

実際、宗教が歴史上果たして来た役割は、きわめて重要なものである。啓蒙主義以後の時代のほうが例外で、理性に対する信仰が一時的に宗教心を圧倒したというだけのことなのだ。さらに言えば、二〇世紀が社会主義や共産主義、ファシズム、国家社会主義などの世俗のイデオロギーに支配されたのも、このためだ（これらのイデオロギーに、私としては資本主義と市場信仰も加えたいという誘惑に駆られてしまう）。だが、今や啓蒙主義的な世界観の限界が明らかになるとともに、宗教が再び前面に躍《おど》り出てきた。

科学は、宗教的なものであれ、世俗的なものであれ、イデオロギーを「反証」することは出来ない。反証不能であることこそが、まさにイデオロギーの本質だからである。にもかかわらず、人間は常に自分が間違っている可能性を念頭に置いて行動するべきだろう。教義の誤りは証明出来ないかもしれないが、その教義の自分なりの解釈が正しいということもまた、証明不能なのだから。

根本的な可謬性の原理

ここまでのところで、私はポパーの思考を忠実になぞっている。だが、私としては、もう少し先まで議論を進めたい。ポパーは、「人間は間違える可能性がある」と主張する。だが、私は「人は誤る運命にある」という作業仮説を立てたいと思う。これを、私は「根本的な可謬性」の原理と呼んでいる。根拠となるのは、次のような議論だ。

人は現実について何がしかの洞察を得ることは出来るが、現実を理解すればするほど、理解しなければならないことは増えていく。動く標的のようなこの現実に直面して、人は獲得した知識を適用不能な領域にまで拡張することで、その知識に過大な負荷をかけてしまう。その結果、現実の正しい解釈でさえも歪んだ現実認識のもととなるのだ。これは、有能な従業員は、己の能力が仕事で求められるレベルにおよばない地位、つまり彼が無能になってしまう地位まで昇進するという「ピーターの法則」に似ているかもしれない。

私は、自分のこの主張が、認知言語学の成果によっても支持されていることを発見した。中でもジョージ・ラコフは、言語が厳密な論理ではなく暗喩を多用することを重視した。暗喩は一つの状況から得られた経験的知識や、その状況の属性を別の状況にあてはめる作業だが、いずれは行き過ぎてしまうように運命付けられている。

科学がたどってきた道程は、ラコフの発見した暗喩の運命にそっくりである。知識を得る方法として、大変な成功を収めてきた科学は「人は誤る運命にある」という「根本的な可謬性」の原理の例外となりそうなものだ。だが、科学的方法は明らかに行き過ぎてしまった。自然科学があまりに成功を収めたせいで、社会科学者たちは自然科学の真似をしようと無理な努力を重ねることになったためだ。

例として、古典派経済学を考えてみるとよい。古典派経済学が均衡概念を使用するのは、ニュートン力学の真似である。だが、参加者の期待が重要な役割を果たす金融市場では、市場が均衡点に向かって収斂していくという主張は、うまく現実に対応してはいないのだ。合理的期待理論の場合、こじつけにこじつけを重ねて均衡が勝利する人工的な世界を強引に築き上げたが、その世界では理論が現実をうまく説明するのではなく、現実に合わせて理論が際限なく捻《ね》じ曲げられていくだけなのである。これなどは、「根本的な可謬性」の原理の好例であろう。

科学的方法の基準を満たせない自分の理論を、社会に受け入れられるものに仕立て上げようとするあまり、強引に科学的な装いをまとわせようとした〝思想家〟も存在した。ジグムント・フロイトやカール・マルクスなどである。ポパーの科学論は、こうした連中、特にマルクスの理論の化けの皮を剝《は》ぐことに成功した。共産主義理論が科学などではなく、単なるイデオロギーでしかないことを明らかにしたのだ。

だが、そのポパーの科学論にも限界があった。ポパーは、社会現象の研究は、「再帰性」や人間の不確定性の原理など、自然科学には存在しないさまざまな障碍にぶつかるものであり、このため自然科学をどれほど忠実に模倣しようとも、社会科学は社会的現実の表象として不十分なものでしかありえないということを最後まで認めようとしなかった。経済学の均衡理論も、合理的期待理論も、現実からは大きく懸け離れている。これら二つの理論は、きちんと成果を挙げることの出来た物理学の手法が経済研究に応用されたものの、過大な重荷を負わされて、ついには成果を挙げられなくなってしまったという好例である。

真の「開かれた社会」とは

ところで、もしも私の批判が一般的に受け入れられた結果、均衡理論も合理的期待理論も経済学の分野から放棄されたとしよう。そのとたんに、これら二つの理論は「根本的な可謬性」の実例としては機能しなくなってしまう。このことは、私の提示した概念の致命的な欠陥を示すものだ。「根本的な可謬性」は必ずしも真ではないのである。ポパーが十分に議論を進めなかったのに対して、私は議論を進めすぎてしまったようだ。あらゆる状況において、人は常に誤ることを運命づけられているわけではない。誤解は訂正されうるのである。

では、そうなると私の「根本的な可謬性」は、どうなってしまうのだろう？ まず、この命題は真ではありえない。「人は誤る運命にある」という命題が真だとすると、これは「クレタ人はすべて嘘つき」と同じパラドックスに陥ってしまうからだ。では、科学的理論としての「根本的な可謬性」は、どうだろうか？ この場合は、ポパーが示した「たった一つの反証例が見つかれば、科学的仮説は棄却される」という科学の規則に従えば、すでに反証されているわけであり、科学的理論としては棄却されざるをえない。

だが、「根本的な可謬性」は、科学的な理論ではない。これは作業仮説に過ぎない。「根本的な可謬性」の原理と「豊穣な誤謬」の概念は、私の思索《しさく》の精髄《せいずい》と言ってよいであろう。どちらも悲観的に聞こえるかもしれないが、そんなことはない。不完全なものは改善されうるのである。「根本的な可謬性」の原理には、改善の余地がいくらでもある。

私の定義では、「開かれた社会」は改善を受け入れる度量のある不完全な社会だ。「開かれた社会」は希望と創造性を生じさせる社会である。しかしながら、「開かれた社会」とは、絶えず危機にさらされるものであり、歴史上、挫折や幻滅の例はいくらでもある。

「不完全な理解」や「根本的な可謬性」、「豊穣な誤謬」など、言葉のうわべは否定的であっても、私は人生そのものについて、深く楽観している。自分の考案したパラダイムのおかげで、実人生を何度も、よりよい方向に導いていているからである。

第四章

金融市場における「再帰性」

前章までで、私は思考と現実との間には双方向の繋がりがあり、その繋がりが同時に作用すると、参加者の思考には不確実性が、そして現実の出来事には不確定性が、それぞれ生じるという話をしてきた。この両方向の繋がりを私は「再帰性」と名づけた。

この章では、「再帰的」な出来事が現実にはどのように起こるものであり、それらがどのような形で歴史的な事件になっていったのかを、金融市場の動きを通じて分析してみたいと思う。株価をはじめとするデータがすべて定量的なものであり、しかも公開されている金融市場は、「再帰性」の理論を試すのに、これ以上は望めない理想の実験室のようなものだ（政治的事件などの歴史的な出来事にも、「再帰性」はいくらでも観察されるが、これらは証明することも分析することも、それほど簡単ではない）。

金融市場がもう一つ、私の「再帰性」理論の実験室として優れているのは、私の理論が、今日でも広く一般に受け入れられている「金融市場は均衡点に向かって収斂する」という考え方、いわゆる均衡理論と真っ向から対立するからである。均衡理論が正しければ、金融市場に「再帰性」は存在しないことになる。逆に「再帰性」の理論が正しいのであれば、均衡理論は無価値であり、金融市場の動きは一定の法則に従うのではなしに、予測不能な〃歴史的過程〃として解釈される必要があることになる。仮に後者の解釈が金融市場にあてはまるのであれば、「再帰性」を読み取ることがそれほど容易でない他の社会現象においても、「再帰性」の理論は適用可能だということになろう。

私が金融市場についての自分の考え方を最初に発表したのは処女作『ソロスの錬金術』の中でのことだったが、当時、「再帰性」の理論に対しては、肯定的《こうていてき》なものであれ、批判的なものであれ、まともな反響がほとんどなかった。だが、状況は変わりつつある。経済学者たちは現行のパラダイムでは不足であることを理解しているが、新しいパラダイムはまだ生まれていない。二〇〇七年八月に弾けて、現在も金融界に混乱をもたらしつつあるサブプライム・バブルは、経済を理解するための新しい思考の必要性を世間に広く知らしめることになるであろう。

私は、そうした中で自分の「再帰性」理論も、きちんと評価されるようになると思う。現在、金融市場ではまさしく「再帰的」な過程が展開しており、一方、グローバル経済は私たちが対峙する現実の重要な要素である。そのようなグローバル経済の本質が、パラダイムの誤りゆえに、まともに理解されずにいることの危険性は実はとても高いものだ。不幸な結末がもたらされないためにも、「再帰性」理論への理解が優先されるべきだろう。

均衡理論

経済学は、自然科学を模倣《もほう》しようとする。経済現象を説明することも予測することも可能な、どんな時代にもあてはまる一般原則を樹立しようとするものだ。特に、均衡理論はニュートン力学をもとにしたものであり、「需要と供給の均衡点に向かって価格は収斂する傾向がある」とするものである。これまでの内容と重複する箇所も多いが、もう一度説明しておこう。

　均衡理論は、一定の条件が満たされた場合、個々の市場参加者が制約なしに自己の利益を追求する行為が、結果的に資源の理想的な配分をもたらすと主張する。均衡点は、限界生産費が市場価格と等しくなる水準にまで各企業が商品を生産し、同時に限界効用が市場価格と等しくなるところまで各消費者が商品を購入するときに達成される。均衡点が市場の全参加者の利得を最大化することは、数学的に計算されうる。こうした議論こそが、一九世紀ヨーロッパ諸国の自由放任政策の理論的支柱だった。レーガン大統領の任期中に広くアメリカで受け入れられることになった「市場の魔法」という信仰の基礎でもある。

　均衡理論が最初に発表された当時の中心的な命題の一つに、「完全な知識」というものがあった。つまり市場の参加者は誰しも、合理的な売買に必要な完全な知識を備えているという〝前提〟である。他の命題としては「均質で分割可能な製品」の存在や、「売り手も買い手も、個別には誰も市場価格に影響を与えられなくなるほど多数の市場参加者」といったものがある。「完全な知識」という仮定は、私の「根本的な可謬性」の理論（人間は誤る運命にある）と真っ向から矛盾するのみならず、カール・ポパーが論じ尽くした理解の不完全性とも矛盾する。そのせいで、私は学生時代に、すでに均衡理論に疑問を抱くようになっていた。

　だが、完全知識という前提が疑わしくなってくると、経済学者たちは、もっと控《ひか》えめな概念を使うことにした。「情報」である。新しい均衡理論では、完全な情報が仮定されているのだ。

不幸にして、完全な情報だけでは均衡理論の結論を支えるのに力不足である。その欠陥を穴埋めするために、経済学者たちは、「需要曲線と供給曲線は、それぞれ独立した存在だと見なすべきだ」などと主張するようになった。もっとも経済学者たちは、これを前提としては示さなかった。むしろ、方法論的な理由からそう主張するのだと説明した。経済学の任務は需要と供給の関係を探ることにあり、どちらか一方だけを対象とはしないというのだ。需要そのものは、むしろ心理学の領分かもしれず、供給そのものは生産工学や経営学の領域かもしれない。いずれにせよ、どちらも経済学の範疇《はんちゅう》ではなく、それゆえどちらも基本的な前提としなければならない。これが、学部学生時代に私が教わった理論だった。

セオリーどおりにはいかない金融市場

だが「需要と供給それぞれに関する条件がお互いから独立である」というのは、実は新たな前提条件を導入しているのと同じことなのだ。曲線が、新たにどこからともなく姿を現したのだ。経済学者たちは、新しい仮説を、いきなり理論の中に放り込んで来たというわけである。

たとえば「市場の参加者たちは、選考の尺度に従ってさまざまな選択肢から選ばなくてはならない」という命題で、暗黙のうちに仮定されているのは、市場参加者は自分の選考と、どのような選択肢があるかを、すべてきちんと知っているということだ。

ところが需要曲線も供給曲線も、あらかじめ与えられた「所与《しょよ》」ではありえない。需要も供給も、市場参加者の市場での出来事についての期待を組み込んでおり、しかも、その市場での出来事にしても、やはり市場参加者の期待によって形成されてきている。

期待の役割の大きさが最もはっきり表れているのが金融市場であろう。金融商品の売り買いの決断は、その商品の将来価格についての期待にもとづいて下されており、将来価格は、その商品の売り買いについての現在の決断によって決まってくるのだ。

商品の価格が断続的に変化する市場で売り買いをする者は誰でも、市場参加者が市場での動きに大いに影響を受けていることを知っている。価格が上昇すれば買い手が集まり、価格が下落すれば買い手が逃げ出すのが市場なのだ。仮に需要曲線、供給曲線が市場価格から独立した存在であれば、価格上昇が価格上昇を呼び、価格下落が価格下落を呼ぶ正のフィードバックは存在しえない。だが、商品市場、株式市場、通貨市場を少しでも観察すれば、価格変動における正のフィードバックのほうが一般的な姿であるということは、あまりに明らかだ。

市場での出来事が需要曲線・供給曲線それぞれの形を決めるのだとすると、価格は一意的に決まらなくなってしまう。均衡価格は安定的であるどころか、ふらふらとさまよいだしてしまうのだ。これは経済学者にとっては致命的な結果である。経済理論のあらゆる結論が、現実世界との関係を絶たれてしまうことになるからだ。

私が大学生だった頃から現在にいたるまで、経済学者たちは「期待」の役割を完全競争の理論に何とか整合させようと、大変な努力を重ねてきた。そうして誕生したのが合理的期待理論である。私はこれをまともに勉強したことがないが、私の理解が正しいとすれば、合理的期待理論では、市場参加者は自分の利益を追求するうえで、他の市場参加者もすべて同じように振る舞うだろうと仮定する。

合理的期待理論はなぜ間違っているのか

　こう書くとまともな仮定に思われるかもしれないが、そんなことはない。というのも、市場参加者たちは、自分の最良の利益とはまったく別物の、自分の最良の利益だという自分の信念にもとづいて行動する存在だからである。この事実は、すでに行動主義経済学の分野では説得力ある形で実証されている。市場参加者たちは実際には不完全な市場の理解にもとづいて行動しており、彼らの行動は往々にして意図せざる結果をもたらすものである。期待と結果は対応しないし、事前の条件と事後の条件もまた対応しない。したがって、両者の間にズレがないという前提のもとで行動することは、そもそも合理的でない。

　合理的期待理論は、総体としての市場は、個々の市場参加者よりも常により多くを知っていると主張することで、この困難を克服しようとする。要するに、市場そのものの知識は常に「正しい」結果を実現するのに十分だというのだ。たしかに個々の市場参加者は間違えるかもしれないし、そうした間違いはランダムな乱れを発生させる。だが、究極的には、市場参加者は全員が世界の仕組みについて同一のモデルを使用しており、そうでない者も経験から学び、いずれはそのモデルへと鞍替えする——という理屈である。

だが、この説明には有力な反証がある。私自身の経験だ。私は合理的期待派とは別のモデルを使用し続け、しかも大きな成功を収めてきた。しかも私の成功は、ランダム・ウォーク理論（市場は効率的であり、すべての情報を反映するので、過去のパターンから将来の価格予測は出来ないとする説）が許容する平均からのズレをも大きく上回っている。このこと一つをとっても、合理的期待理論はナンセンスだとわかるのではないだろうか？

私が合理的期待理論をあまりに現実離れしていると考え、まともに取り上げる気にさえならなかったのも、己の身をもってその誤りを証明出来るからなのだ。

バブル「過熱と破裂」のサイクル

金融市場では、いつも何らかの支配的な偏見《バイアス》が存在している。このことから私は、金融市場は「常に誤っている」と考える。通常であれば、金融市場には、ある程度の〝行き過ぎ〟を自己修復する機能が存在しているのは確かだ。だが、時に支配的なバイアスが、市場価格のみならず価格の裏にあるファンダメンタルズ（価格を決定する基礎的条件）にも作用することで、現実がバイアスに合わせてしまうこともある。

現行の均衡理論パラダイムに慣れきった人に最もわかりにくいのは、ここの部分だ。たとえば、「再帰性」の理論に対する批判の多くは、「市場参加者のバイアスのかかった認識が市場価格に影響をおよぼす」という自明の理を、私が一生懸命説いているだけだというものだった。だが「再帰性」の理論の核心は、それほど単純なものではないのだ。

「再帰性」の理論上は、バイアスのかかった市場価格がファンダメンタルズにまで影響を及ぼすことがある。「市場は常に正しい」という考えは、「市場はファンダメンタルズの反映である」という幻想からくるものだが、実際には市場は「再帰的」に、つまりは双方向的に、そのファンダメンタルズにまで影響を及ぼしうる存在なのである。

ファンダメンタルズの変化もまた、再帰的に人々のバイアスのかかった認識を強化する。市場参加者の誤った認識が、さらに強められてしまうのだ。「乱反射」と言ってもよいかもしれない。バイアスのかかった期待がループのようにどんどん強化された結果、バイアスのかかった方向にどんどん逸脱《いつだつ》していくことになり、それが行きすぎるといずれは自己崩壊を起こしてしまう。これがバブルの興亡《こうぼう》である。

もちろん、こうした過熱と破裂のサイクルは、いつも起こるわけではない。むしろ、支配的なバイアスがファンダメンタルズに何の影響も与えないうちに修正されてしまうことのほうが多い。だが、それが起こりうるということ自体が、合理的期待理論を無効にしてしまう。

自著『ソロスの錬金術』で、私は金融バブルが起こっては崩壊した例をいくつか提示した。そのどれもが、ある資産に対する市場の評価と、いわゆるファンダメンタルズとの間で双方向に作用する「再帰的」な繋がりを示唆している。市場価格がファンダメンタルズを動かし、そのファンダメンタルズがまた市場価格を動かし……という循環構造が発生しているのだ。

こうした循環構造の成長をもたらすのは、たとえば過大評価された価格での新株発行、いわゆる「エクイティ・レバレッジ」のこともあるが、より一般的には借入金の膨張である。また、ほとんどのケースでは、資金の貸し手の積極性・消極性が担保の価値に影響を及ぼす「不動産」が関与している。歴史的に顕著《けんちょ》な例をいくつか取り上げてみよう。

一九六〇年代のコングロマリット・ブーム

ヘッジファンドのマネジャーとなった私が初期に収めた成功例が、一九六〇年代後半に繰り広げられたコングロマリット・バブルへの投機だった。当時、テクストロン、ＬＴＶ、それにテレダインといった軍需関連企業の経営陣が「ベトナム戦争終了後は、自分たちの会社の高成長が今までのようには維持できなくなるだろう」ということに気がついた。そこでこれらの企業は、比較的に割高になっていた自社株を使って、もっと地味な会社を買収し始めたのだ。するとと、軍需企業一株あたりの収益の伸びが加速するにつれて、株価収益率も大きくなりはじめた。通常であれば、収益が伸びれば、株価を収益で割った株価収益率は小さくなる。なのに株価収益率が大きくなっていくということは、収益の伸びを上回る勢いで株価が上がっていったことを意味する。ベトナム戦争のおかげで好成績をあげてきたこれらの企業による買収が、市場に過大な好感をもって迎えられたのである。

彼らのような、当時の軍需ハイテク企業からすれば、買収するだけで市場の過大評価を得られるというのは、新しい経営手法を開拓したのも同然だった。となると、すぐに真似《まね》をする会社が出てくる。やがて、ずっと地味な会社でも、買収攻勢をかけることで、たちまち株価収益率を上昇させるようになった。ついには、「他社を買収する」と約束しただけの会社の株価収益率まで上昇するようになったのである。

買収する側の企業の経営陣は、買収の効果をいっそう拡大するような特殊な経理手法を採用した。彼らはまた、買収した企業にあれこれと手を加えた。事業を簡素化し、資産を売却し、純利益を重視する経営を行ったのである。だが、そうした改革にも増して、買収そのものが株価収益率にもたらす影響のほうが彼らには重要なのだった。

投資界は、餌を投げ与えられた豚の群れのように反応した。最初のうち、一つひとつの企業の実績は、それぞれ単独で判断されていたが、やがて軍需ハイテク企業が他業種のさまざまな企業を買収した「多角的企業体《コングロマリット》」という新しい業態が出現する。と、その動きに呼応するかのように投資界にも新人類が誕生した。彼らが初期のヘッジファンド・マネジャー、別名「ガンスリンガー」（射撃の名手）であった。

ガンスリンガーたちはコングロマリットの経営陣と直接話しあうようになり、コングロマリットのほうは、いわゆる非公開株を直接ファンド・マネジャーにゆだねた。非公開株は市場価格よりも低い価格で委託するが、一定期間、売却できないという約束だった。やがて、コングロマリットは自社の株価を自社の収益と同じくらい上手に操作できるようになっていった。

しかし、コングロマリット・ブームは、人々の「誤解」の上に築かれたものでしかなかった。すなわち「企業価値は、その企業の一株あたりの収益の成長率で判断されるべきであり、その成長がそもそもどうやってもたらされたものかは考慮しなくてよい」という誤解である。

この誤解を軍需ハイテク企業の経営陣はうまく利用し、過大評価された自社株を使って他の企業を次々と有利な条件で買収していった。買収が成立すれば、買い手企業の株価はさらに過大評価されることになる。株式の過大評価と企業買収の間に正のフィードバック、ないしループが生じてしまった。このような誤解は、投資家が「再帰性」の原理を理解していれば起こらなかったはずである。ともあれ、株価収益率はどんどん大きくなり、そしてついに現実が期待を支えきれなくなった。収益の伸び率を維持するために、買収は徐々に大規模化し、そしてついにコングロマリットは規模の限界に達してしまう。

転換点は、リライアンス・グループのソール・スタインバーグがケミカル銀行を獲得しようとしたときに訪れた。ケミカル銀行側は買収に抵抗し、けっきょくスタインバーグは、当時の金融当局の介入によって敗れ去ってしまう。その後、株価は下がりはじめ、いったんそうなると今度は下落が下落を呼ぶような状況が訪れる。株価の過大評価分が消え去るとともに、新たな企業買収を行ううまみもなくなってしまった。すると急拡大していたときには、うまく隠されていた企業内部の問題が次々と表面化していった。

コングロマリットの経営者たちも個人的な危機を経験していた。華々《はなばな》しい成功の日々の後で、今さら地道な経営努力には熱心になれない者が続出したのである。ある企業の社長は、「私の一挙手一投足に沸《わ》いてくれる観衆がいなくなってしまった」と私に打ち明けたほどだ。

このような流れに、折からの不況が拍車をかけ、それまで飛ぶ鳥を落とす勢いだったコングロマリットが次々と崩壊していった。投資家たちは、購入した企業の株がすべて紙くずになるという最悪の事態に怯えた。いくつかのコングロマリットに、その最悪の事態が訪れたが、事態は誰もが恐れていたほどには悪くならず、やがて沈静化する。生き残った企業は経営陣を入れ替えて、ゆっくりと立ち直っていったのだった。

REIT《リート》バブル

その次に現れたバブルが一九六〇年代後半に発生したＲＥＩＴ（不動産投資信託）バブルだ。実はこのバブルに関しては、私の思考と行動がほぼ完全な形で記録に残されているという点で、とりわけ思い出深い出来事となった。

ＲＥＩＴは投資家から集めた資金をオフィスビルなどの不動産で運用し、賃貸収益や売却益などを配当金として投資家に分配するもので、アメリカでは一九六〇年にＲＥＩＴに有利な税制が成立した。この改革によって生じたビジネス・チャンスには、しばらくの間、ほとんど誰も手をつけようとしなかったのだが、一九六九年になって流れが変わり、新しい不動産投資信託が少しずつ誕生しはじめた。私は、いわばＲＥＩＴ創世の現場に居合わせたわけだが、コングロマリット・バブルの興亡の経験も生々しかった直後とあって、ＲＥＩＴにもバブルの可能性があることにすぐに気がついた。

私は「ＲＥＩＴには従来の証券分析の手法があてはまらない」と主張する内容のレポートを発表した。従来、証券アナリストは、証券から生じる将来の収入の流れをまず予測して、投資家がその収入の流れを手に入れるために、現時点でいくら支払うつもりかを推定していくものである。だが、ＲＥＩＴ株の場合は、それを購入するのに投資家がいくら支払うかが、そのＲＥＩＴの将来の収入の流れを決定するうえで重要な役割を果たすから、通常の証券分析の手法が適用出来ないと、私は考えた。将来の収入と現在の価値を別々に予測するのでなしに、むしろ最初のうちは両者の間に、お互いを補強しあう「正のフィードバック」が働き、やがてはそれが崩壊するようなプロセスを想定すべきなのだ。

そう前置きしてから、私は大まかに四幕劇を描いてみせた。

初幕では、ＲＥＩＴの初期の過大評価がある。次に、高すぎる値段で発行された新株が市場に吸収されることで、過大なはずの評価が正当化されてしまう。その後、模倣者たちがやって来てビジネス・チャンスを食いつぶす。最後に、破綻信託の群れと破産者の大群が登場し、この芝居は終幕を迎える。

ソロス・レポートが商品の人気に拍車をかけた

このレポートは、ヘッジファンド・マネジャーたちがコングロマリットの崩壊で大損を出した頃に発表した。彼らは、利益が出れば分け前をもらえたが、損失については責任を負わなくても済むような契約を結んでいたので、生々しい失敗の記憶から臆病になるというようなことはなかった。逆に、損失を取り戻せそうな投資対象なら、何でも飛びつく精神状態にあった。しかも、ヘッジファンド・マネジャーたちは「再帰的」な過程の機能のしかたを、頭ではともかく身体では理解していた。なんといっても、コングロマリット・ブームという「再帰的」過程に、ついさっきまで参加していた連中なのだ。

やがて、クリーブランドのある銀行から、私のところに電話がかかってきた。

「ＲＥＩＴに関する、あなたのレポートを一部いただけませんか。一部手元にあるんですが、コピー機で複写に複写を重ねたものなので、何が書いてあるのか読み取れないのです」

その電話でやっと、自分の書いたレポートが、どうやら凄《すさ》まじい人気になっているらしいことがわかったのである。当時ＲＥＩＴは、まだ数えるほどしかなかったが、どの証券も大変な人気で、一ヵ月で価格が倍増するなどということも、ざらだった。需要が供給を生み、供給が需要を生み、次々と新しいＲＥＩＴ株が市場に放出された。

やがて、新しいＲＥＩＴが続々と登場しそうだということが明らかになるとともに、証券の価格は上昇したときと同じくらいの勢いで下落した。どうやら私のレポートを読んだ人々も、ＲＥＩＴ業界は参入が非常に容易であるという事情を考慮しなかったようで、彼らの誤りはあっという間に修正されてしまった。

にもかかわらず、投資家、そしてレポートの読者たちの熱心さのおかげで、ついに私がレポートに描いた正のフィードバック過程が動き出し、過大な評価の正当化がはじまった。そして、その後の展開は、まさしく私がレポートに書いたとおりになったのである。

レポートを執筆した当時、私はＲＥＩＴに大量に投資していた。そして、自分のレポートが予想以上に投資家たちを投資に駆り立てると、そのことでいくらかの利益を得もした。だが、私もまた自分の成功によって判断が鈍っていたようで、ＲＥＩＴ株の価格が下がり始めたときになっても、まだＲＥＩＴ株の大半を売らずに持っていたのだ。だが、私は売らずに我慢し、逆に買い足しさえした。結局、私はＲＥＩＴ業界を一年ほど注意深く観察し続け、ついに好機を捉え、手持ちの証券をすべて売却して多額の利益を得ることに成功した。

その後数年間は、私はREITのことを気にせずに暮らしていたが、やがてこの業界でも、さまざまな問題が発生した。いくつかの問題に気づいた私は、REIT株の売り持ち状態になろうとしたが、REIT業界に関する私の知識は古びており、その分、私は不利になっていた。ところが、数年ぶりに自分の書いたレポートを読み返してみると、そこに書いてあった内容にあまりに説得力があったため、今度はREIT株をまとめて空売りすることに決めた。また、REIT株の価格が下がり始めても、私はさらに多くのREIT株を空売りすることで、REIT関連の投資額は一定に保っておいた。

最初の私の予言は実現され、ほとんどのREITは破綻してしまった。その結果、私は売り持ちから一〇〇パーセントを上回る利益を上げた。通常は空売りの利益は一〇〇パーセントが上限だから、これは不可能に思われるかもしれないが、私はREIT株を、どんどん大量に売り続けることで一〇〇パーセント超の利益を達成したのである。

一九八〇年代の途上国債務危機

バブルには、必ず誤った考え方がその根っこに潜んでいるものである。私が右に説明した二つの事例では、バブルの成長を可能にしたのはエクイティ・レバレッジ、つまり過大に値付けされた株式の発行であったが、そもそも高すぎる値段でも株が市場に吸収されたのは、収益の伸びが多くの人々に誤って評価されたためだった。割高な値段での新株発行がもたらした成長が事業による成長と混同されたのである。

実はバブルとは、新株の高値発行ではなく、今回のサブプライム問題のように、借り入れによる資産膨張を主要因とすることのほうが多い。一九七〇年代に先進諸国の銀行によって、発展途上国に対する過剰な融資がなされたが、その結果として一九八〇年代に発生した「途上国債務危機」(国際銀行危機)が、まさにそれに該当する。

一九七三年にOPEC(石油輸出国機構)が先進諸国に対する原油禁輸を行い、さらにその後、原油価格が四倍に引き上げられた。この「オイルショック」の結果として、欧米の大銀行には産油国の巨額の預金が流れ込み、これらの大銀行はその資金を主として原油価格の高騰《こうとう》がもたらした経常収支赤字に苦しむ石油輸入国(多くは発展途上国)に貸し付けた。このとき、各銀行は借り手国の返済能力を計るのに、「債務比率《さいむひりつ》」(長期債務残高を国内総生産で割った数値)という指標を用いた。だが、銀行は自分たちの貸し付け意欲が債務比率に影響を与えてしまうという簡単な事実を見落としていた。そして、気がつくと途上国は先進国の銀行から借りまくった挙げ句、過剰に貸し付けられた資金を返済出来なくなっていたのである。

誤解のもとは、借り手の信用力と貸し手の貸し付け意欲との間にある「再帰的」な繋がりを、認識し損ねたことにあった。通常、貸し付けには担保が存在し、そしてその担保は不動産の形をとるものである。だが、銀行が担保の価値を銀行の貸し付け意欲と無関係に決まるかのように扱うときに、バブルが発生する。

一九八〇年代の途上国債務危機の場合、借り手はいやしくも主権国家の政府とあって、どこも担保を差し出そうとしなかった。そこで、銀行界は、主権国家の信用指標として債務比率を案出する。だが、その債務比率が「再帰的」だった。一九七〇年代に、借り手諸国の返済能力は、銀行の旺盛な貸し付け意欲と、一次産品価格が値上がりしていた事実によって過大評価されてしまった。深刻な危機に突入した最初の国は産油国でもあるメキシコだった（実はハンガリーが危機の第一号だったが、こちらの危機は大事になる前に、なんとか解決されている）。

一九八〇年代の途上国債務危機以後も、私は日本、イギリス、それにアメリカで不動産バブルが発生する姿を生で見ている。誤解は、そのつど異なった形をとりうるものだが、原理は常に同じである。驚くべきは、むしろ何度もバブルが発生することのほうかもしれない。

バブル誕生→崩壊のモデル

一九六〇年代のコングロマリット・バブルをモデルにして、わたしは典型的なバブルのモデルを作成してみた。これは、いわば八幕のお芝居だ。

まず、支配的なバイアスがあり、支配的なトレンドがある。コングロマリット・ブームの場合、支配的なバイアスは「多くの投資家が、一株あたりの収益の急増を、特にその原因を詮索《せんさく》することもなく好んだ」という事実だった。そして、この時の支配的なトレンドは「自社株を使って、より低い株価収益率の会社を買収する会社の能力」である。

左ページの図1はそれをグラフにしたものだ。

(1)第一幕、つまり初期段階では、このトレンドはまだ理解されていない。

(2)続いて訪れるのが、加速段階である。この時にトレンドは理解され、支配的なバイアスによって強化される。この時点で、すでに株価は均衡水準から懸け離れてしまっている。

(3)その後、試練の段階がやって来て、株価は一時的に下落する。

(4)確立期。もしもバイアスもトレンドもこの試練を克服すれば、どちらもかつてないほど強くなり、結果的に均衡から懸け離れているはずの株価が、しっかり確立してしまう。

(5)だが、いずれは誇張された期待を、もはや現実が支えきれない正念場がやって来る。

(6)次が「黄昏《たそがれ》の期間」で、ゲームに参加し続けている者たちも、自分たちのやっていることの危うさに気づいている。

(7)とうとう転換点に到達し、トレンドは一気に下向きになり、バイアスも逆転する。

(8)その後に発生するのが「暴落《クラッシュ》」として知られる、破局的な下向きの加速だ。

私が考案したバブルのモデルは、左右が非対称形であることに注目してもらいたい。ゆっくりと始まり、徐々に加速し、落ちる時は上昇するときよりも速いのである。

このプロトタイプを実例（図2～図4＝当時のコングロマリット各社の株価の流れ）と比較し

図1：「再帰的」な株価のモデル

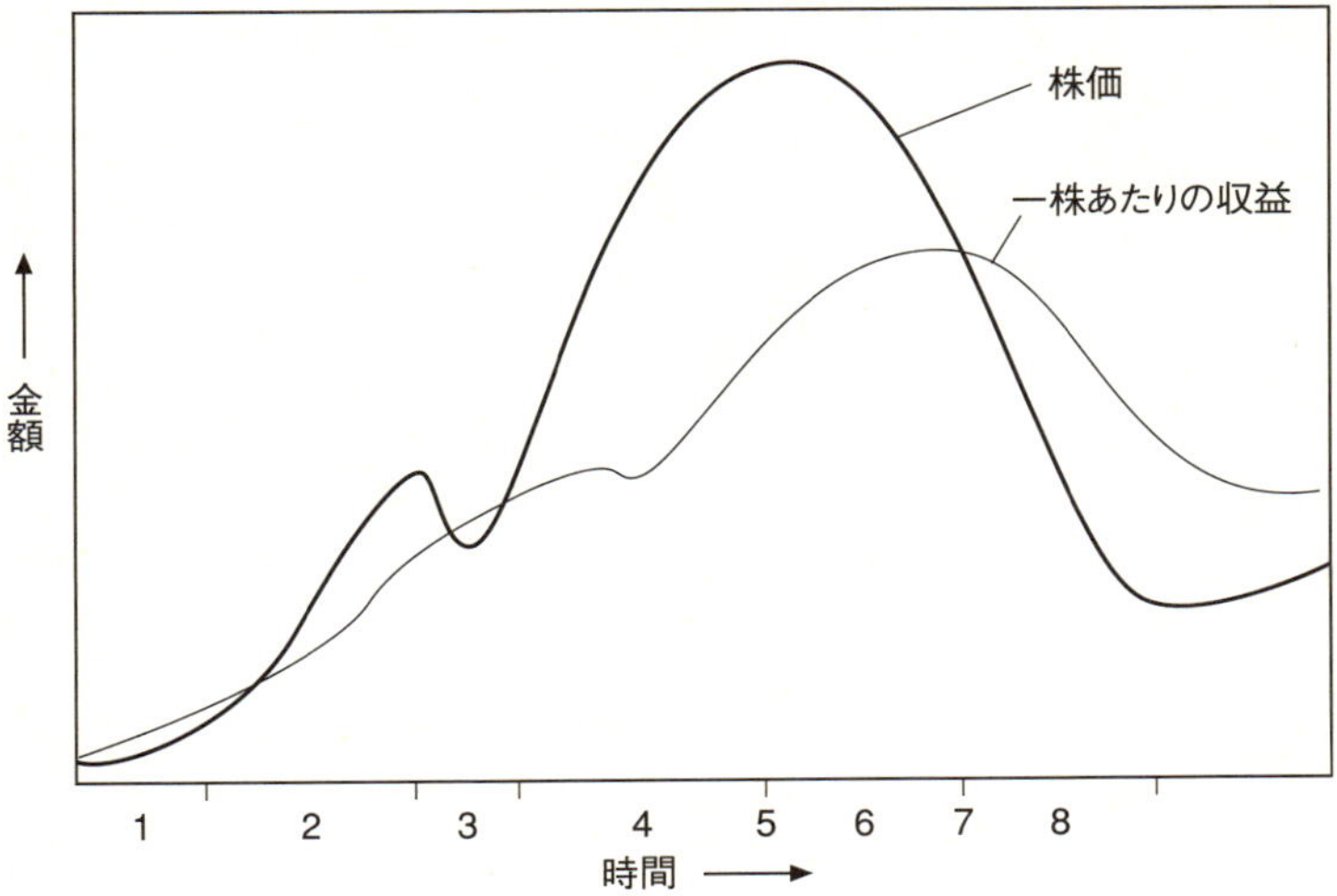

図2：LTV社の株価の推移

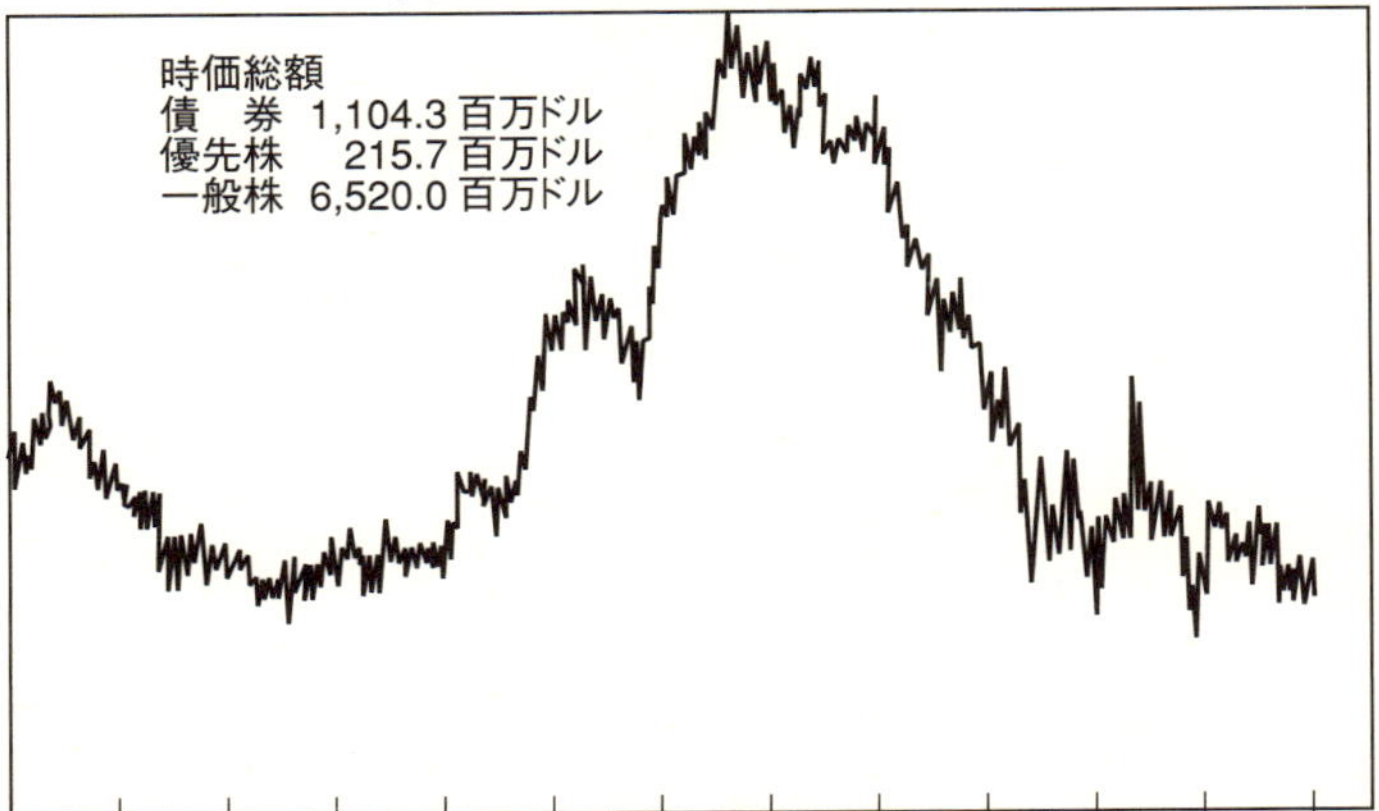

図2〜図4については、バブソン-ユナイテッド・インベストメント・アドバイザー社系列のセキュリティーズ・リサーチ・カンパニーの厚意を得て転載した。グラフは簡略化している

図３：オグデン社の株価の推移

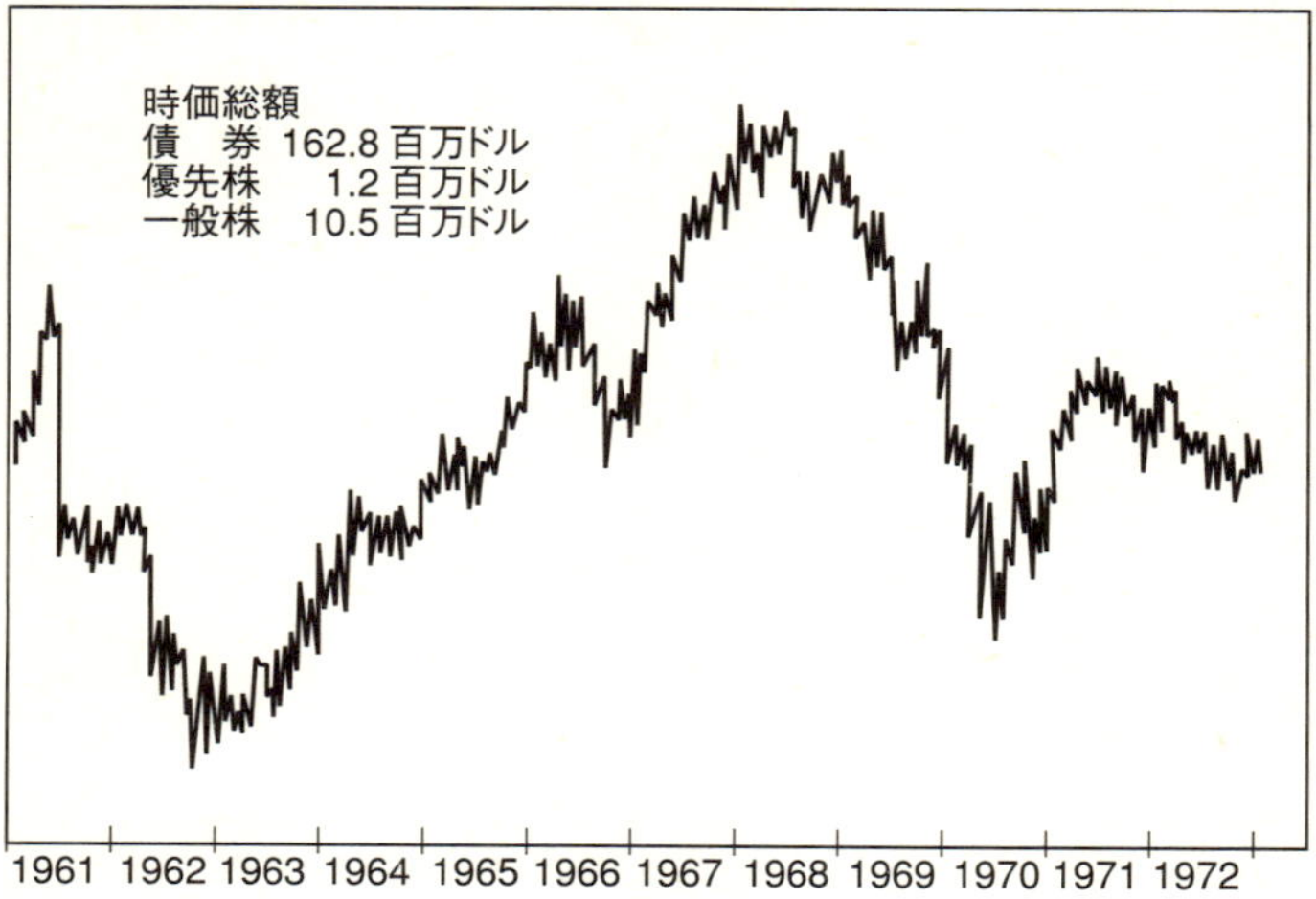

図４：テレダイン社の株価の推移

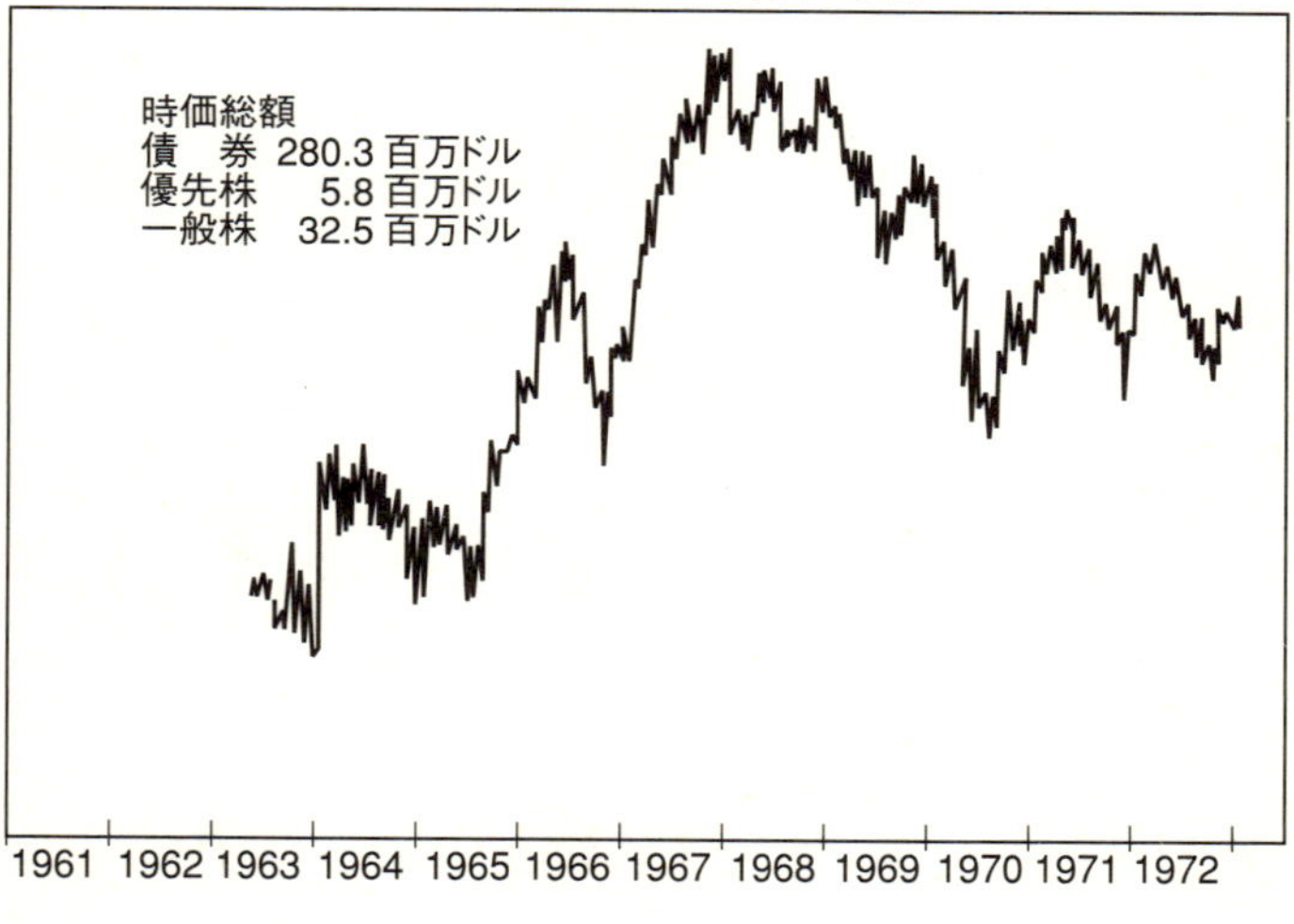

てみると、その相似性は一目瞭然《いちもくりょうぜん》であろう。

一九八〇年代の途上国債務危機でも、ほぼ同じ変動のパターンが読み取れる。モデルと同じ、左右非対称の展開だ。ゆっくりとした開始、成長期に徐々に起こる加速、正念場、そして黄昏の期間が続き、ついに破局的な崩壊が訪れる。だが、私は途上国債務危機を自分のモデルの実例として使わなかった。図示することが困難なためである。コングロマリット・バブルの場合、株価と一株あたりの収益を示すグラフを描くことは簡単だ。だが国際銀行危機の場合、借り手が国家であるために同様のグラフは作成できなかった。

すべての「再帰的」過程がバブルになるわけではない

ただし、「再帰的」な過程が、常にバブルへ移行すると考えるのは間違っている。他の形もありうるのだ。たとえば、自由に変動する為替相場の場合、市場の評価と、いわゆるファンダメンタルズの間の「再帰的」な関係は、大きな何年間にもわたる波を生み出すことがある。この場合、インフレがコントロール不可能になった場合を除いて、上昇と下降の間に違いはなく、バブルのときのような非対称性は見られない。

金融市場において「再帰的」な繋がりは、バブルよりもずっと頻繁に発生するものだと理解することは、とても大切だ。市場の参加者たちは、常に不完全な理解にもとづいて行動する。

結果として、市場価格は正確な評価ではなく、むしろ支配的なバイアスを反映することのほうが普通なのだ。ほとんどの場合、その評価が間違っていることは後になって証明され、バイアスも解消されるのだが、その後に発生するのは均衡値に対する正しい認識の普遍化ではなく、新たなバイアスなのである。

バブルは、ごくたまに、支配的なバイアスがファンダメンタルズに影響を与えられるような径路を見出したときにのみ発生する。バイアスがファンダメンタルズを動かし、ファンダメンタルズの動きがバイアスを補強し、補強されたバイアスがさらにファンダメンタルズを……という循環構造が発生するのだ。そして、循環構造をもたらす径路は、通常、誤解なり誤認なりと結びついている。市場価値も経済情勢も、ファンダメンタルズとバイアスの循環的な相互作用なしには決してありえなかったような水準まで移動してしまい、やがてついに「調整」が起こると破局的な結果をもたらすことになる。

「市場」対「規制」

金融市場は常に均衡点に収斂するものではない。金融市場を、市場原理主義者が主張するように自由放任にすべきではないのは、このためだ。現に、危機が発生するたびに規制は改革されてきた。中央銀行制度も、金融市場の規制も、そうして発達してきたのだ。バブルはたまにしか起こらないが、金融市場と金融規制当局の間では、常に「再帰的」な相互作用が演じられている。金融市場の参加者も金融規制当局も、不完全な理解にもとづいて行動しなければならず、両者の間のやりとりは「再帰的」にならざるをえない。

市場参加者による誤解も、規制当局による誤解も、市場価格から読み取れる情報によって正されることになる。ゆえに、どちらも自分の誤解を誤解と認識して修正することが可能となる。だが、時には誤解がたまたま当たってしまうこともあり、そうなると良循環というか、悪循環というか、とにかく循環過程が動き出してしまう。そうした循環過程は、バブルと同じように最初のうちは正のフィードバックが働くが、後には裏返しの正のフィードバックが作用する。良循環・悪循環は、ごくたまにしか発生しないが、「再帰的」な相互作用は常に生じている。「再帰性」は普遍的な状況だが、バブルはその中の特例でしかない。

「再帰的」な過程には、必ずそこに不確実性・非決定性が含まれている。その不確実性のせいで、金融市場の動きに法則性を見出すことは出来ない。金融市場は常に独自の、非可逆的な道筋を辿《たど》っていく。そして、その一方向的な過程は、反復的で、かつ統計的一般化の可能な「日常茶飯事」と、結果がどうなるか、まるで見当のつかない「歴史的大事件」とに区別される。バブルや、それ以外の良循環・悪循環は、歴史的大事件として数えられるべきだ。だが、再帰的・循環的関係は、必ずしも重要な歴史的事件を生み出すわけではないということは理解されなくてはならない。始まったと思ったらすぐに消え去ってしまうプロセスもある。十分に育ちきらないうちに消えていくバブルの卵もある。均衡値から懸け離れたような水準にまで育つバブルや良循環・悪循環は比較的少数なのだ。

しかも、どの「再帰的」過程も孤立した現象ではありえない。複数の現象が同時に進行しているのが普通であり、それぞれが相互に干渉し合って異様な状況を発生させるのだ。規則的なパターンは、その過程が他の過程をすべて覆い隠すほどに強力なときに発生するのである。もしかすると、私はこの点を『ソロスの錬金術』では十分に明確にしなかったかもしれない。

均衡理論の長所と短所

均衡理論にも長所がないわけではない。当然ではあるが、現実と比較対照の可能なモデルを構築しやすいのだ。私が「均衡から懸け離れた状態」と言うとき、均衡の概念を用いていることになる。ただし、誤解のないよう説明しておくと、私が「均衡点から懸け離れた状態」というときの「均衡点」は比喩でしかない。安定した均衡点が存在し、そこからの逸脱した現象としてバブルが発生すると言いたいわけではないのだ。私にとっては、均衡点でさえ動く標的でしかない。というのも、市場価格は、そこに反映されるべき経済のファンダメンタルズにも影響を与えうるため、均衡点は常に変化するからである。

過去において経済学者たちは、大変な努力を重ねて彼らの経済分析モデルをより現実に近いものにしようとしてきた。いわゆる第二世代の経済学者の景気循環モデルは、バブルを分析しようとする試みだった。私にはそうしたモデルの実効性を判断することはできないが、私のバブルのモデルに比べれば、はるかに複雑なのは確かだ。それはまるで、地動説時代の天文学者たちが円形の惑星軌道のパラダイムに調整を加え続けて、本当は楕円《だえん》軌道に従う惑星の動きを、どうにかして彼らの枠組み内で説明しようとした事例を思わせる。

いまや経済を理解するのに新しいパラダイムが必要となっており、しかも「再帰性」の理論という形で新パラダイム候補がすでに存在している。もちろん、私が言うのは、単にバブルだけを扱うのではない、一般理論としてのものだ。しかしながら、「再帰性」の理論が科学として受け入れられるには、社会現象を扱う理論に対して世間の側が根本的な再考を行うことが、まず必要である。

社会科学の理論も自然科学の理論にあてはまる基準や標準に満足しなければならないというのであれば、「再帰性」の理論が科学として認められることは、まず絶望的である。「再帰性」の理論は、自然現象と社会的事象とでは根本的な差異があることを大前提とするからだ。「再帰性」によって社会的事象に非決定性が導入されるのであれば、それらの現象は一意的に予測出来ないであろう。

現在のパラダイムは、金融市場は均衡点に向かって収斂するものだと主張する。このことから、実際の価格は理論的な均衡値からランダムに乖離《かいり》していくものだという認識が生み出された。でたらめに動いているように見えても、長期的な平均値は均衡点に落ち着くとされているのである。このような前提を満足させるような理論モデルを組み立てることは可能かもしれないが、そうしたモデルが現実を説明し、未来を予測できるという主張は嘘であり、しかも誤解を招くものだ。乖離が理論的な均衡値を変えてしまうという点で正のフィードバックが作用する可能性を考慮していないのである。

株価グラフに現れる〝太い尻尾《シックテール》〟

乖離に正のフィードバックが働くようになった場合には、均衡モデルに基づいたリスク計算や投資のテクニックは、まるで役に立たなくなる。たとえば、均衡モデルを駆使した精緻な投資モデルを編み出したことでノーベル経済学賞を受賞したエコノミスト二人を顧問に抱えていたヘッジファンド、ＬＴＣＭは、一九九八年に経営危機に陥って、ニューヨーク連邦準備銀行に救済してもらわなくてはならなくなった。

その後、均衡理論に根ざしたモデルや投資理論は微調整を続けながら生き残っているが、基本的なアプローチが放棄されることは、ついにないままだ。ただ、株価は均衡値から乖離する際に、ランダムな現象の場合に示される正規分布曲線（ある集団のばらつきが、その平均値を境として、前後に同じ程度にばらついている状態を表した曲線で、口の広がったお椀を伏せたような形になる）に従うことがなく、〝太い尻尾《しっぽ》〟が生じることが明らかになった。正規分布曲線に比べて、マイナス側により多く分布するために、太い尻尾《シックテール》のような形に見えるというわけだ。

この現象がもたらす余分のリスクを組み込むために、バリュー・アット・リスク計算方式を補完するべく、ストレス・テストが導入されている（一八一～一八二ページ参照）。しかし、なにゆえそもそも「太い尻尾」が発生するのかは、ついに説明がなされないままである。価格の動きに正のフィードバックが働くことこそ「太い尻尾」が発生する理由に他ならないというのに。いずれにせよ「再帰性」は無視されたままであり、誤ったモデルの使用、特に合成金融商品におけるその使用は、広がり続けた。これこそが、第二部で私が詳細に論じている、現在の金融危機の根本にある現実である。

有害な市場原理主義

金融市場を自由放任状態にしておくという政策が現在、多くの政府において実施されている。その基礎となっているのは、市場が均衡に向かって収斂するという信念だ。私は、こうした政策を市場原理主義と呼んでいる。そして、市場原理主義は有害さにおいてマルクス主義の教義に劣らないというのが私の考えだ。マルクス主義も市場原理主義も、世間に受け入れられようとして科学を装うが、どちらが生み出す理論も現実による検証には堪ええないものである。

マルクス主義も市場原理主義も、科学的理論を使って現実を理解するのではなしに、現実を操作しようとする。科学的方法がそのように用いられうるということは、自然科学と社会科学とで同じ方法と基準を用いることが何かしら間違っているという警告だと考えるべきだ。すでに人間の不確実性の原理を論じたくだりで論証したように、社会現象は、それについて何かを言うことで変えることが出来るのだ。つまり、社会現象は操作可能なのである。カール・ポパーの貢献の一つは、マルクス主義などのイデオロギーが科学である資格を満たしていない点を示したことであるが、ポパーは議論を徹底させなかった。ポパーは、主流派の経済学もまた、マルクス主義同様に非科学的な形で悪用可能だということを理解しなかったのだ。

問題は、方法論の単一性の原則にある。社会科学に自然科学と同じだけの威信を与えることで、方法論の単一性は、科学的なはずの理論が認知的であるよりは操作的であるような使い方をされることを許してしまうのである。

だが、この罠《わな》は回避することが可能だ。方法論の単一性の原則を放棄して、「再帰性」の理論に乗り換えるだけでよい。もちろん、そうすることの代価は高いものとなるであろう。たとえば、経済学の地位は大幅に低下する。経済学者が「再帰性」の理論に抵抗するのも当然かもしれない。とは言え、認知機能を追求することが目的ならば、この代価は支払う価値があることになる。「再帰性」の理論は、単に金融市場の働きをよりよく説明するばかりか、社会現象を説明し、予測する能力を誇張することもなく、操作機能のツールとしては扱いにくい。

新しいパラダイム

ここで、金融市場の動きを説明するうえで、私の新しいパラダイムが旧パラダイムと、どう異なっているかを、あらためてまとめておこう。

まず、金融市場が「常に正しい」ということはない。金融市場は「常に間違っている」のである。また、金融市場には自己修正の能力があるが、時には「再帰的」に誤りやバイアスを現実に変えてしまう力もある。具体例を一つ挙げれば、金融市場は景気後退を正確に予言することは出来ないが、景気後退を引き起こすことは出来る。こうしたことがあるから、市場は常に正しいように見えてしまうのだ。

金融市場の参加者は不完全な理解にもとづいて行動する。市場参加者たちは完全な知識ではなしに、不完全でバイアスがかかった、誤った現実の理解にもとづいて決断を下していく。したがって、結果は期待からは乖離したものとなっていくであろう。そして、この乖離そのものは有益な情報として市場参加者に使われることになる。こうして期待と現実のずれに従って、市場参加者は自分の行動を変えていくのだ。

もっとも、行動を変えたからといって、市場参加者にとって常に満足のいく結果が出るとはかぎらない。市場は理論的な均衡値に接近するのと同じくらいの頻度でもってそこから遠ざかるのであり、時には変化に正のフィードバックが生じ、最終的には自滅的な過程に突入することもありうるからだ。

バブルは往々にして金融危機に繋がる。そして危機が起これば、その後には通常、金融規制の改革が行われる。危機が起こるたびに規制改革がなされることで、金融システムは進化してきたと言える。金融市場を歴史的な過程として解釈するのがベストなのも、一連の過程が規制当局の存在を考慮に入れずには理解不能なのも、このためだ。規制当局がなければ金融市場は崩壊する可能性が高い。「規制当局が絶えず監視しているおかげで、金融市場はたまにしか崩壊しない」のが現実だ。規制当局は平常時にはのんびりしているかもしれないが、少なくとも民主国家においては、緊急事態が発生すると、とたんに注意力を高めるものである。

金融市場が示す「再帰的」な振る舞いのほとんどには、市場参加者と規制当局の間の相互作用が関係している。そして、そうした相互作用を理解するには、規制当局も市場参加者と同じくらい誤りうるということを念頭に置かなくてはならない。規制環境の変化は、危機の一つひとつを独特の歴史的な文脈の中に置くものである。この一事だけをとっても、市場の振る舞いは歴史的な過程として理解されるべきだという私の主張が正しいものであるという裏づけとなるはずだ。

市場原理主義者は、市場の失敗を規制当局の「可謬性」のせいにするが、これは実は半分は正しい。というのも、市場参加者も規制当局も誤りうるのである。市場原理主義者が完全に間違っているのは、規制当局が「可謬的」である以上、規制は全廃されるべきだと主張する点である。これは、市場が「可謬的」だから市場は全廃されるべきだという共産主義者の主張と、まったく軌を一にするものだ。カール・ポパーとフリードリヒ・ハイエクは共産主義イデオロギーの危険性を論証した。市場原理主義もまたイデオロギーなのだということを認識すれば、私たちの現実理解は、さらに深まることであろう。規制当局が「可謬的」であるからといって市場が完全であることにはならない。規制当局が「可謬的」であることは、規制環境を再点検し、改善することを正当化するだけなのである。

バブルが生じるのに必要なもの

では、いったいいつ、金融市場につきものの「再帰的」な繋がりの数々は、金融市場における価格のみならず、そうした価格が反映しているはずのファンダメンタルズにも影響を与えるような過程にまで変化するのだろう？

「再帰性」の理論に価値があることを証明するうえで、最も重要なのは、この問いに対する解答を提供することだ。ここであえて暫定的な仮説を提出すると、「バブルが生じるには、何らかの形の信用もしくはレバレッジ（借入金）と、何らかの誤解もしくは誤認が必要である」となるだろうか。

私は、この仮説をこれから検証しようと思う。すでに述べたように、私の概念枠組み《パラダイム》が提供出来る主な洞察は、誤解が歴史の過程において重要な役割を果たしうるということだ。このメッセージは、現在金融市場に起こっていることを理解するうえで、とても重要である。

新パラダイムと旧パラダイムの間の主な差異の一つは、新パラダイムのほうがレバレッジの使用について、より慎重だということだ。これは、「再帰性」の理論が、規制当局と市場参加者双方の「可謬性」がもたらす不確実性を認識しているからである。現在のパラダイムは、既知《きち》のリスクのみを認めており、自らの欠陥や誤解がとんでもない結果をもたらしうる可能性を受け入れようとしない。その傲慢《ごうまん》さこそが現在の金融危機の根っこにあるのである。

続く第二部では、ここまでの「再帰性」の理論、それに「再帰性」と金融市場の関わりに関する議論を踏まえて、いよいよ現状分析を行いたいと思う。

第五章ではまず、市場原理主義という支配的な誤謬と信用膨張という支配的なバイアスが、今日の驚くべき規模の「超バブル」を育てた過程について考察する。

第二部　分析と提言

第五章

超バブル仮説

現在私たちは、一九三〇年代の大不況以来、誰も体験したことのないほどに深刻な金融危機の只中《ただなか》にある。もちろん、大恐慌とすべて同じことが繰り返されると言いたいわけではない。何より、大恐慌の最悪の年である一九三二年に発生した銀行の連鎖破綻のようなことは、今日の各国政府は許容しないものと思われる。

しかしながら現在の危機は、一九八六年の米貯蓄貸付組合危機、一九八七年のポートフォリオ保険危機、一九九四年のキダー・ピーボディー社の破綻、一九九七年の途上国通貨危機、一九九八年のヘッジファンドLTCM社の破綻、二〇〇〇年のハイテク・バブルの破裂など、一九八〇年代以来、国際金融システムのあちこちで何度か発生してきた「危機」の数々とは、その質をまったく異にするものである。今回の危機は、一企業、あるいは経済の一部門に限られたものではない。世界資本主義システムそのものが崩壊の一歩手前にあるわけで、危機が来りて、また去るというのではなしに、一つの時代の終わりなのだ。たとえ、どういう結末を迎えるのであれ、現在の危機の影響は当分の間は残るであろう。

これは、ずいぶんと大げさな主張に思われるかもしれない。このようなことを述べる私の真意は若干の説明が必要であろう。それには、第一部で繰り返し述べてきた「再帰性」の理論と、第四章で紹介したバブルのモデルに頼らなければならない。

ただし、心配無用、ここで展開する説明は、かなり簡単なものにするつもりだ。

私の理解の核心にあるのは、現在進行しているのは〝一つのバブル〟ではなく、住宅バブルと、もっと長期にわたって成長してきた、いわば「超バブル」の、〝二つのバブル〟だという見解である。住宅バブルのほうは単純明快だが、超バブルは複雑怪奇だ。そして、事態をさらに複雑にしているのが、二つのバブルのどちらも、それぞれが孤立した事象として育ってきたわけではないという事実である。どちらも、ここ一〇年か、それ以上前の現代史と複雑に絡み合っているのだ。特に、中国やインド、それにいくつかの産油国や一次産品輸出国など「新興経済大国の経済力」、変動相場制・ドル本位制・混合型の三つがごちゃ混ぜになった「国際通貨体制」、そしてアメリカ以外の国々で進行しつつある「ドル離れ」の三つの要素を考慮に入れずには世界経済の現状は理解不能だと思われる。

グラフで見るアメリカの住宅ローン危機

アメリカでは、二〇〇〇年にハイテク・バブルがはじけた後、さらに二〇〇一年九月一一日に同時多発テロが発生したが、景気に対するこのダブル・パンチに対して、FRBはFF（短期）金利を一パーセントという低水準まで引き下げ、二〇〇四年六月までそのまま留めておくという措置に出た。この間に、アメリカでは巨大な住宅バブルが育ってしまう。似たようなバブルは、イギリス、スペイン、それにオーストラリアなど、アメリカ以外の国々でも観察されたが、アメリカの住宅バブルは、その規模においても、世界経済および国際金融システムにおける重要性においても、他の国で発生したバブルとは一線を画している。

たとえば、住宅バブルはスペインのほうがアメリカにおけるそれよりも先に破裂したが、スペイン国外では誰もあまり気にとめようとしなかった。これに対して、アメリカの住宅ローン債権を証券化した商品は世界中で売りさばかれ、ヨーロッパ、とりわけドイツの機関投資家の中には、アメリカの機関投資家以上に多くを購入しているものもいた。

単独では、アメリカの住宅バブルは私の「バブル・モデル」を忠実になぞっていた。支配的なトレンドとして、従来以上に積極的な貸出基準の緩和と、担保物件に対する融資額の比率の拡張があり、このトレンドが、「担保物件となる住宅の価値は、金融機関側の貸し出し意欲とは独立に定まる」という支配的な誤解によって支えられることとなった。この誤解は、過去に発生したバブル、特に不動産バブルにはつき物で、そうした教訓が依然としてきちんと汲み取られていないということのほうが、むしろ驚くべきことだ。

住宅バブルの成長を描くには、いくつかのグラフで事足りてしまう。

次ページの図5では、下向きの線がアメリカの貯蓄率で、これはGDPに占めるパーセントとして示される（右目盛り）。このグラフの上向きの線は、物価水準を差し引いた、実質ベースでの住宅価格の変動で、こちらは歴史的平均に対する比率が示される（左目盛り）。

図6からは、住宅ローン融資残高の、かつてない膨張ぶりが読み取れる。過去六年間における アメリカの住宅ローン融資残高の増分は、それ以前の住宅ローン融資の累積総額とほぼ同じ

図5：アメリカの家計貯蓄率

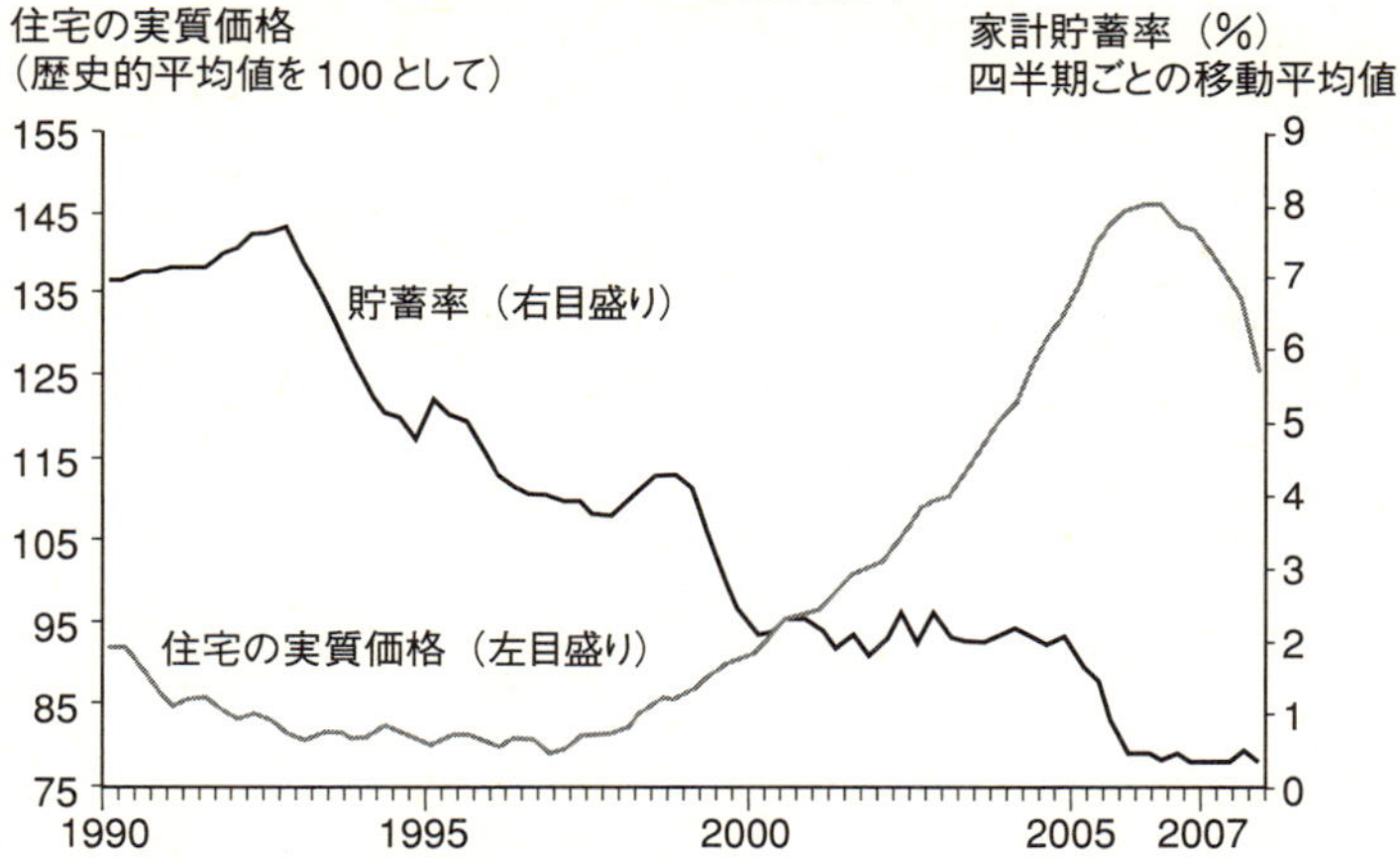

出典：経済分析局、労働統計局、スタンダード&プアーズ社、マクロマーケッツ社、ハーヴァー・アナリシス社。計算はソロス他

図6：アメリカの住宅ローン債務合計額の増大

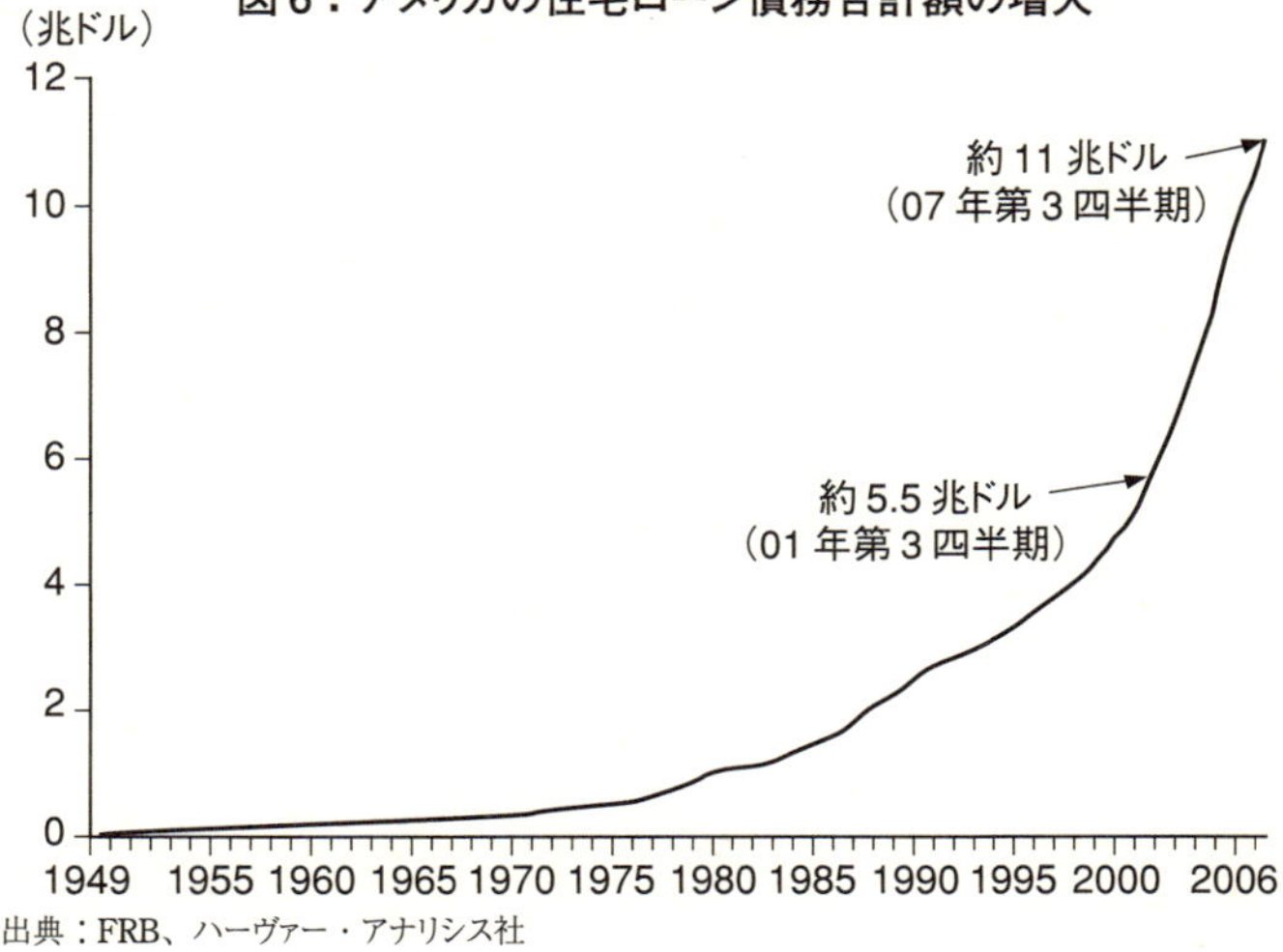

出典：FRB、ハーヴァー・アナリシス社

額に達している。

図7は、住宅ローン債権の質の低下を示している。格付け会社は過去の損失の事例をもとにして評価を行うが、バブル期のように住宅価格が上昇しているときには損失は少なくなるから、住宅ローン債権に対する評価は、どんどん甘くなっていった。と同時に、住宅ローン融資を実行する金融機関は、攻撃的という形容がぴったりするような姿勢で貸し付けを増やしていった。もっとも、この事実は、このグラフには反映されていない。ともあれ、最後のほうでは、頭金なし、借り手の審査なしで住宅ローン融資が実行されていたのである。

二〇〇五年および二〇〇六年のサブプライム住宅ローンと、それとほとんど変わらない「オルタナティブA（Alt-A）」と呼ばれる住宅ローン（一般ローンとサブプライムローンの中間に位置する）債権の質が特に低いことは、よく知られているが、図8は、そのサブプライムとAlt-Aのローン成約が急激に増加していったことを示している。二〇〇六年に新たに成約した住宅ローンのまるまる三分の一は、サブプライムかAlt-Aに分類される始末だった。これほどまでに債権の質が悪化したのは、関係する金融機関が、ひたすら手数料収入を追い求めるあまり、本来ならばローンを組めない人にまでローンを貸し付けた結果である。

次ページの図9を見ると、格付け会社のムーディーズが、合成金融商品の格付けから得る収入が、それまで同社の中心業務だった債券の格付けから得る収入と並ぶようになっていく過程がよくわかる。

図7：不動産債権の価値は?

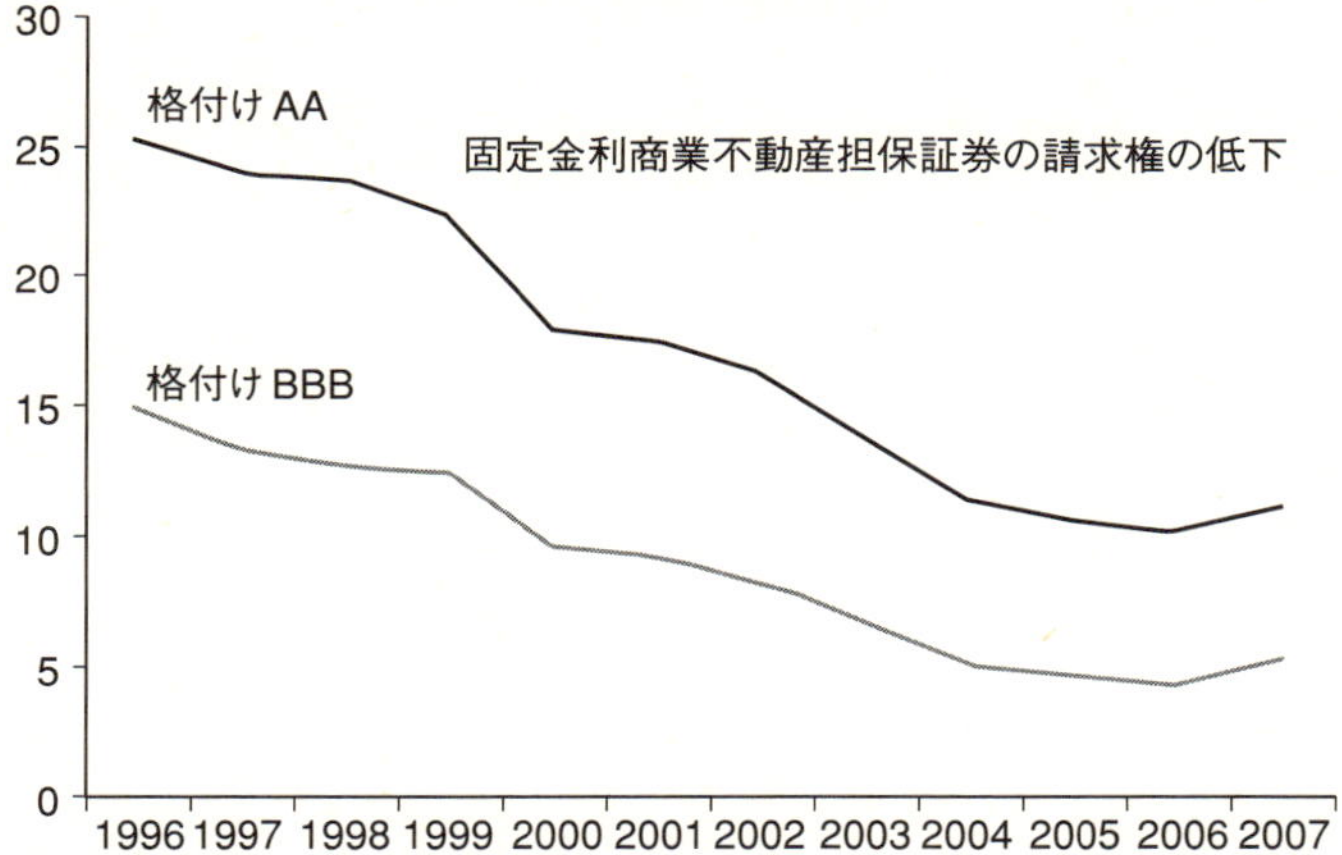

出典：RBSグリニッチ・キャピタル社、インデックス・ソリューションズ社、コマーシャル・モーゲージ・アラート社

図8：誰でも融資OKだった?

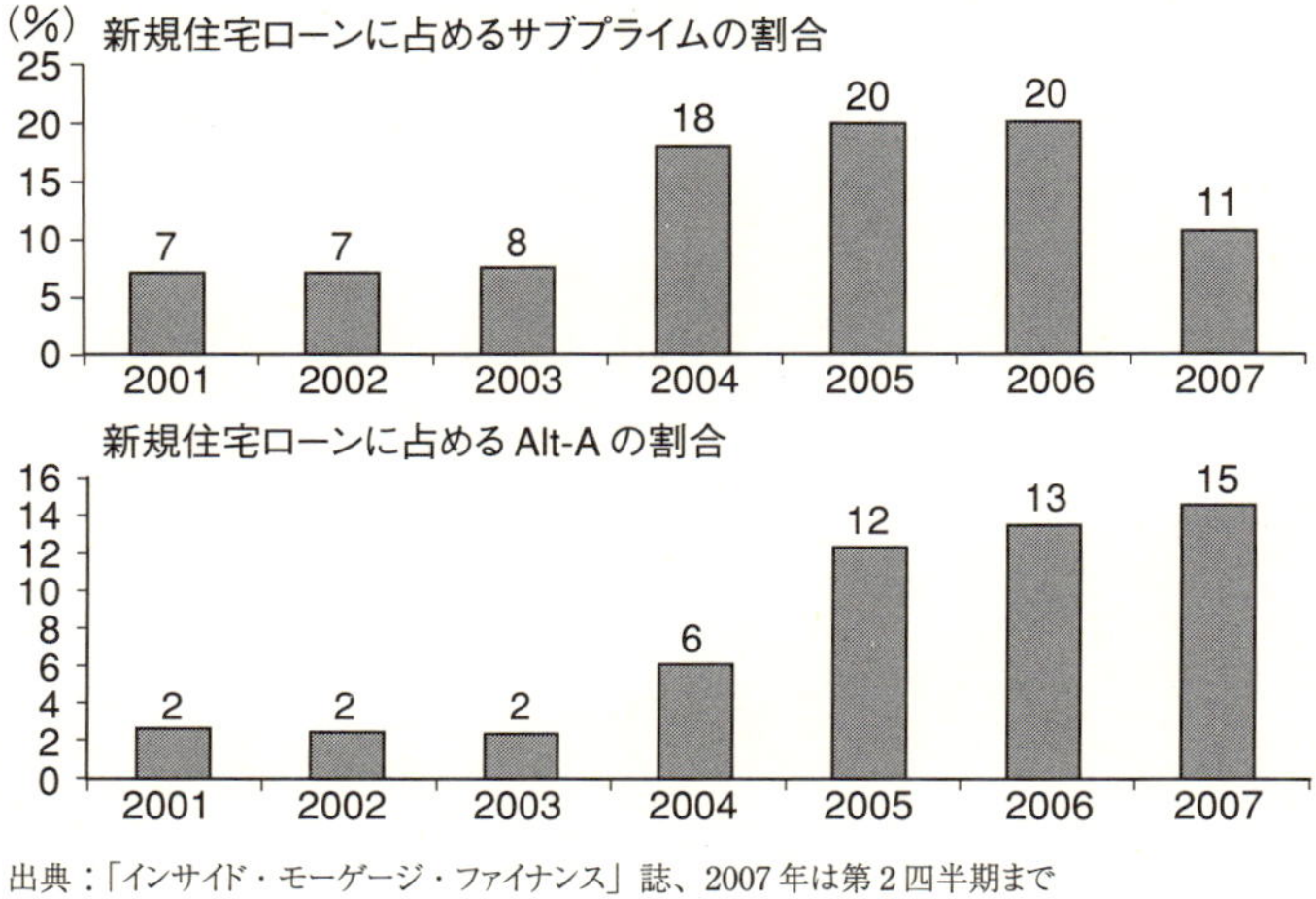

出典：「インサイド・モーゲージ・ファイナンス」誌、2007年は第2四半期まで

図10は、合成金融商品の発行残高の伸びを示すものだ。爆発的な成長ぶりであることが、この図からも一目瞭然である。

このように、住宅バブルはゆっくりと成長し、何年間か続いた。金利が上昇しはじめてから破裂するまで時間がかかったのは、投機的需要が存在し、貸し出しがいっそう攻撃的になり、住宅ローン債権を証券化する手法が、いっそう洗練を重ねていったからだ。

だが、二〇〇七年春、ついに〝終わりのはじまり〟がやって来る。住宅ローン大手のニュー・センチュリー・ファイナンシャル社が、サブプライム問題が原因で倒産したのだ。

そこから先は、私のバブルのモデルでいう「黄昏の期間」である。住宅価格が下がりはじめているにもかかわらず、ゲームの終了が読み取れない参加者が、まだ大勢残っている段階だ。当時、シティバンクのCEOだったチャック・プリンスは、「音楽が止まれば、資金繰りの点で、ややこしい事態が発生するだろう。だが、音楽が流れているかぎりは、腰を下ろさずにダンスを続けなくてはならない。だから、われわれは今もダンスを続けているのだ」と言ったと報じられている。

二〇〇七年八月に入ると、とうとうバブル崩壊が始まった。住宅価格の加速度的下落に加えて、市場のある分野から別の分野へと、まさに燎原《りょうげん》の炎のごとく不良債権は飛び火していった。一九九七年の途上国通貨危機を記憶していた者は、当時の、危機が国から国へと連鎖していった過程にそっくりだと思ったことであろう。

図9：「合成証券」格付けで利益を得ていたムーディーズ

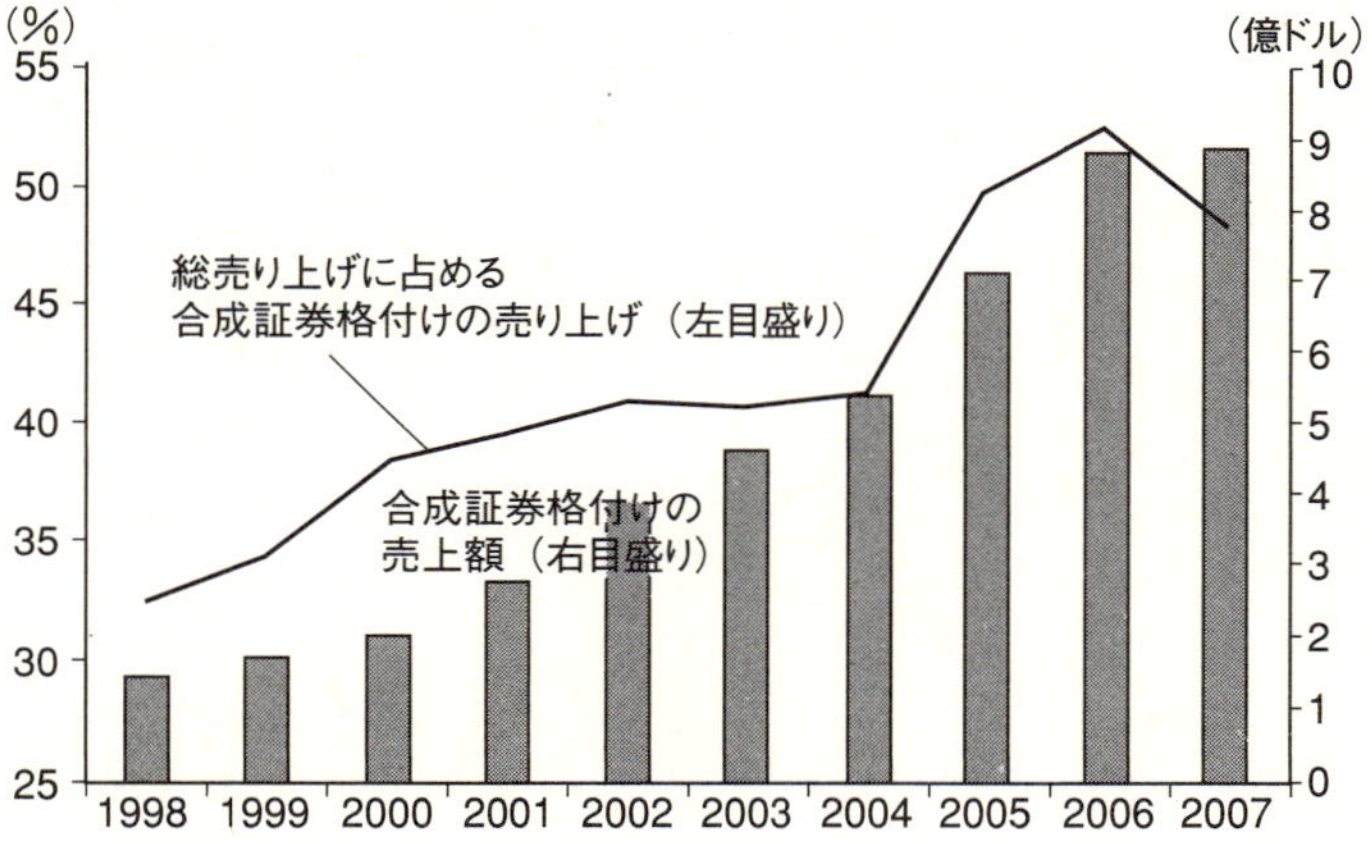

出典：ムーディーズ社アニュアル・レポート2000～07年版

図10：「証券化」ビジネスの隆盛

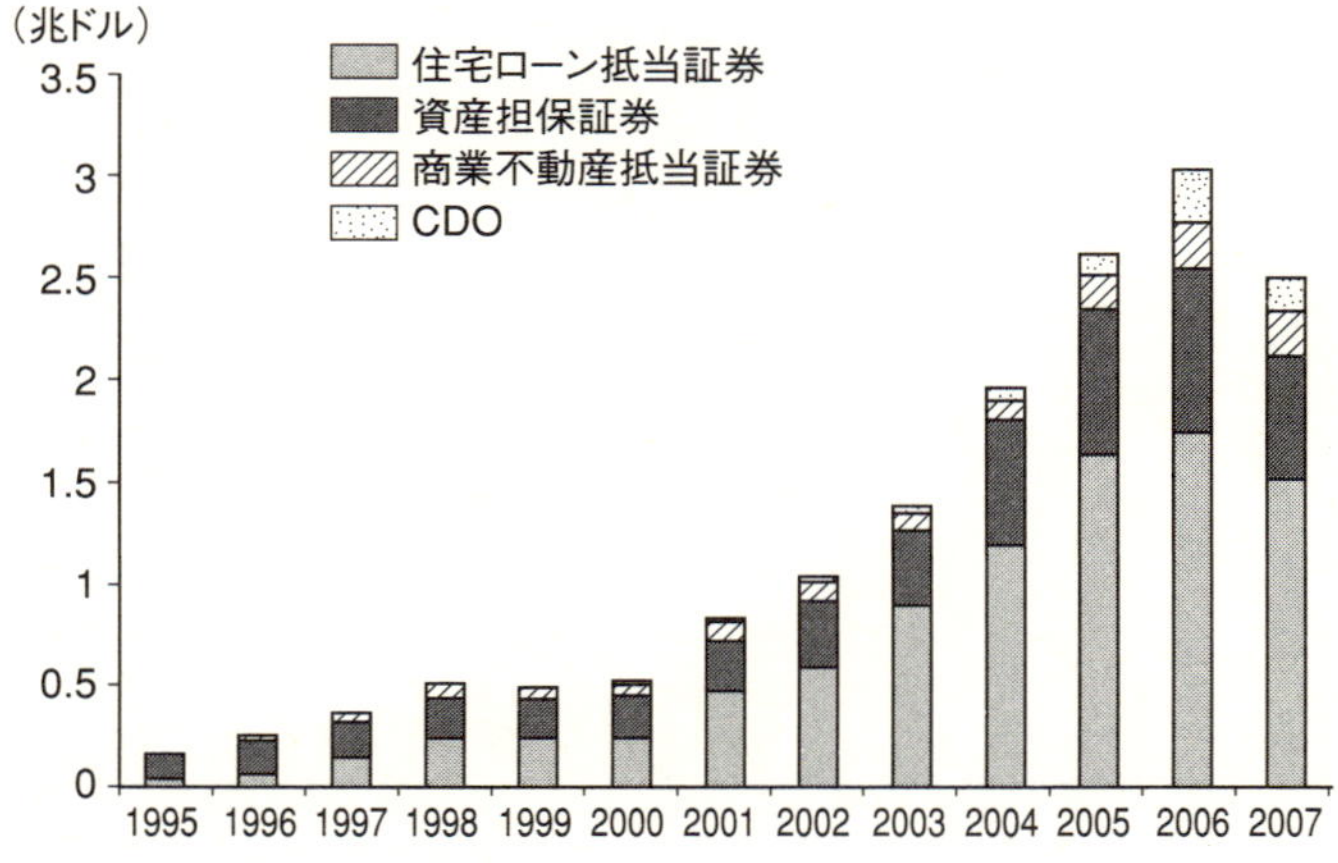

出典：リーマン・ブラザーズ社

ところが、二〇〇七年の八月から一〇月にかけて株式市場は息を吹き返している。これは私のバブルのモデルでは予想していなかった動きだ。私のモデルでは、バブルの崩壊は短期に起こるものであり、相場は一挙に暴落するものだ。そしてそこから、均衡水準の近くまで長い時間をかけて回復していくのである。だが、今回の住宅バブル崩壊の場合は、二〇〇七年八月に不完全な相場の下落があり、同じようなことが二〇〇八年一月に、もう一度起きている。

どちらの場合もFRBが介入してFF（短期）金利を引き下げ、そしてそのつど株式市場は、FRBが金融危機のさらなる悪化を防ぎ、金融システムを守ってくれるという信念を強めていった。過去の救済劇におけるのと同じモラル・ハザードの成長である。

私は、危機には必ずFRBが資金供給で応じるという、この信念は誤っていると考える。実は、FRBは過去あまりに多く金融システムを救済してきた結果、将来における救済余力を大幅に弱めてしまっている。今回の金融危機が、ここ二十数年で起きた数々の金融危機とは、まるで性質を異にすると私が考えるのも、そのためなのだ。

市場原理主義が育ててしまった超バブル

現在崩壊しつつある住宅バブルにすっぽり覆いかぶさるようにして進行中なのが、もっとずっと大きなバブル、いわば超バブルの終結局面だ。この超バブルは住宅バブルよりもずっと複雑で説明も難しい。バブルは支配的なトレンドと支配的な誤解の「再帰的」な相互作用の結果として起こるものだということは、すでに何度となく述べてきたが、超バブルにおける支配的なトレンドは、住宅バブルのそれと同じく、「信用創造の手法が際限なく洗練されていく」というものだ。違うのは、支配的な誤解のほうである。

超バブルを支える支配的な誤解は、市場メカニズムに対する行き過ぎた信頼の念、いわば市場信仰だ。レーガン大統領が「市場の魔法」などと呼んでいたもので、私が市場原理主義と呼んでいるものである。市場原理主義が世界的に最有力の宗教教理《ドグマ》となったのは、レーガンがアメリカ大統領に、サッチャーがイギリス首相に、それぞれ就任した一九八〇年前後のことだった。もっとも、一九世紀の自由放任《レッセフェール》経済思想という、はるか昔の先例も存在する。

市場原理主義の根っこは、完全競争の理論に求められる。こちらの開祖はアダム・スミスで、古典派の経済学者たちが発展させていった。一九九一年にソ連が崩壊すると、共産主義や社会主義といった資本主義に対抗する社会経済モデルが失敗したことになり、おかげで市場原理主義はいっそう勢いづいた。

だが、そこにこそ大きな誤謬のタネが潜んでいた。ソ連におけるように、政府の介入が、たとえいつも間違っていようとも、だからといって市場が完璧だということにはならないのである。金融市場は均衡点に向かって収斂していくわけではなく、放っておけば興奮と絶望の両極端を行ったり来たりするほうが普通なのだ。だからこそ、金融市場には規制と介入がなされる。

あの大恐慌以来、規制当局は国際金融システムの全面崩壊を回避するうえで、驚くほどの成功を収めてきたと言ってよい。そして一九世紀に生まれた市場原理主義の先祖、自由放任思想は、その後半世紀近くも信用を失っていた。実際、私がロンドン・スクール・オブ・エコノミクスの学生だった当時は、自由放任思想は過去の思想として考えられていたものだ。だが、それは市場原理主義として一九八〇年代に復活し、金融規制当局は市場に対するコントロールを失い、そして超バブルがすくすくと育っていったのである。

超バブルは、三つの大きな流れが組み合わさって出来ている。そして、それらの流れのどれもが、少なくとも一つずつ深刻な欠陥を抱えている。

第一の流れは、住宅ローンや消費者金融などで顕著な、担保価値に対する融資額の比率の上昇、信用のGDPに対する比率の上昇（図11）に示される、際限のない信用膨張の長期トレンドである。このトレンドは、大恐慌に対する政策対応から始まる、常態化した景気浮揚政策の副産物だ。金融システムが危機に陥ったり、不況が訪れそうになったりするたびに、金融当局は破綻しかかった金融機関を救済したり景気刺激を行ったりといった介入を行うが、その結果として、金融機関としては融資残高をひたすら増大させることが最も理にかなっていることになってしまった。たとえ無鉄砲に貸し出しを増やしても、結果が悪ければ救済してもらえるのだから当然であろう。これこそまさに典型的なモラル・ハザードである。

第二のトレンドは金融市場のグローバル化で、第三のトレンドは金融規制の撤廃の進展と、

図 11：アメリカの民間債務の対 GDP 比

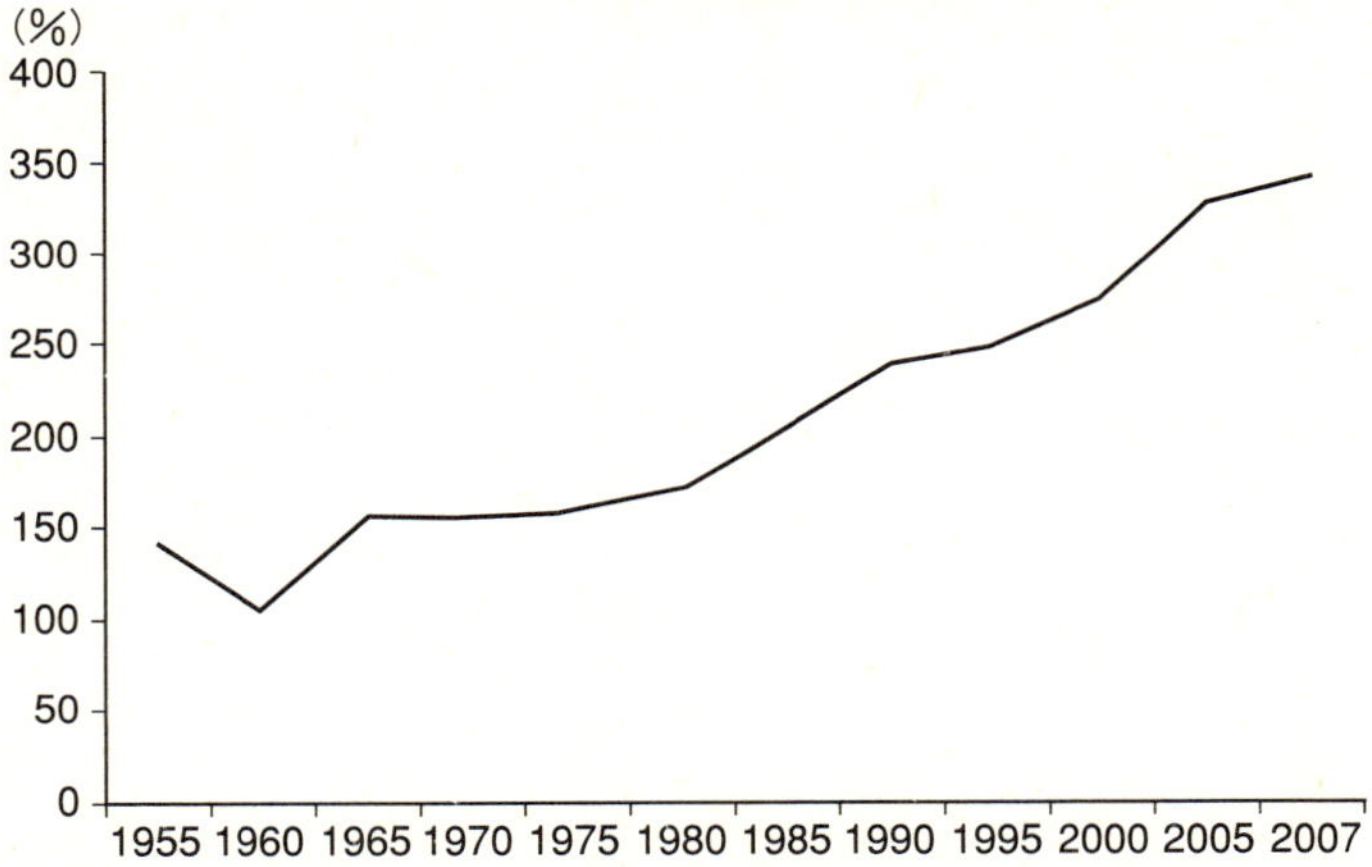

出典：FRB、経済分析局、ハーヴァー・アナリシス社。2007 年は第 3 四半期まで

その結果としての金融技術の加速度的な発達である。これら後の二つについては、それぞれ独立の節を設けて、詳しく述べたいと思う。

超バブルは、これら三つのトレンドと、それらに付随する欠陥とが結びついた結果だ。また、第一のトレンドは一九三〇年代にまで遡《さかのぼ》れるが、第二と第三のトレンドは、どちらも一九八〇年代に始まった比較的に新しい現象である。したがって、超バブルが発生したのは、一九八〇年代だということになる。

アメリカを利する「金融市場のグローバル化」

金融市場のグローバル化は、市場原理主義の思想にもとづいて実行された事業としては、大成功の部類に入るだろう。金融資本が自由に国境を越えて動けるのであれば、いずれかの政府がそれを課税したり規制したりすることは、とても困難になる。課税・規制されそうになった資金は、よその国に逃げてしまうからだ。おかげで、各国政府としては、自国民よりも国際金融資本の要請を重視しなければならないことも、しばしばだろう。国際金融資本が特権的な位置に立ったことになるわけで、金融市場のグローバル化が市場原理主義者の目的によく合致したのも当然だと思わせる。このプロセスは、一九七三年のオイルショックの後で誕生した大量のオイルマネーを、アメリカの大銀行を経由して世界に再度ばらまくメカニズムに端を発しており、レーガン＝サッチャー時代には明らかに加速している。

だが、金融のグローバル化は進展しても、市場原理主義の教義にあるように、市場が世界中の誰にとっても公平な競争の機会を提供することはなかった。国際金融システムは、先進諸国の金融当局の牛耳《ぎゅうじ》るところとなっている。先進諸国の金融当局は、「ワシントン・コンセンサス」と呼ばれる厳しい市場的規範を個々の国に押し付けた。たとえば途上国で国内企業が倒産したり、銀行が破綻したりしようとも、その途上国の政府が救済を実施することには難色を示す。ところが、国際金融システム（それは多くの場合、アメリカを中心とする先進諸国の金融業界そのものである）が危機に陥れば、先進諸国政府は、ためらうことなくワシントン・コンセンサスを棚上げにしてしまう。ＩＭＦ（国際通貨基金）でも世界銀行（国際復興開発銀行）でも、アメリカの利害が他国に対して優先されるというのが国際金融システムの実態なのだ。

一方、ドルは、世界各国の中央銀行が国際間の決済や金融取引に使用する国際準備通貨として機能してきた。つまり、発展途上国は財政と金融に厳しい規律を求められるのに対して、アメリカはドルを刷って世界にばらまくという景気浮揚政策を好きなだけ実施することが出来るのである。国内の経済調整のコストを諸外国に押しつけられるおかげで、アメリカの金融資産は途上国のそれに比べて安全となる。資本移動に対する制約が撤廃されるとともに、世界中の貯蓄が先進国、特にアメリカに流れ込み、そこで再分配されることになった。

レーガン時代には、アメリカは巨額の財政赤字も計上するようになった。財政赤字を賄うためにアメリカ政府が発行した財務省証券などの国公債に黒字諸国が巨額の外貨準備資金を投資した結果、同国の経常収支赤字は投資資金の流入で補塡された。皮肉にも財政赤字が経常収支赤字を賄っていたことになる。これは、貧しい発展途上諸国から豊かなアメリカに資金が流入するという倒錯した状況だった。これらのアメリカの財政赤字も、経常収支赤字も、信用膨張の主たる源として機能することになった。

当然のことかもしれないが、アメリカに経常収支赤字が定着したのもレーガン時代だった。以来、アメリカの経常収支赤字はぐんぐん成長を続け、最新の数値である二〇〇六年第三・四半期の時点で、GDPの六・六パーセントという異様な規模となっている。この巨額の赤字をもたらしているのは、言うまでもなく、世界中からモノを買い続けるアメリカ人の旺盛《おうせい》な消費意欲であり、今やアメリカの消費者こそが世界経済を動かすエンジンなのである。

金融の自由化

第六章で詳述するように、第二次大戦終了時には、銀行や証券などの金融業には厳格な規制が適用されていた。だが、戦後を通じて、これらの規制は徐々に撤廃されていった。そのペースは最初は少しずつだったが、やがて加速し、一九八〇年代に最高速度に達する。

何度も見てきたが、金融市場は均衡点に向かって収斂するものではないので、自由化の結果、金融危機が頻発《ひんぱつ》するようになった。だが、危機のほとんどが発展途上国で発生したために、自由化の理論的裏づけとなっている均衡理論に問題があるのではなく、それらの国の金融システムが「遅れている」ことが原因なのだと解釈されることが多かった。

　信用膨張の源としては、新しい金融商品の開発、銀行や各種の投資ファンドによるレバレッジ使用の増大、さらに不動産バブルがはじけた後、いつ果てるともなく金利をゼロ近くまで下げ続けている日本も挙げられるだろう。日本のゼロ金利政策は、日本で円建てで借りて外貨建ての債券を購入する、いわゆる「キャリートレード」をもたらした。

現実味を増す「超バブル崩壊」

　こうした不均衡は、資金を貸したいと思う者も借りたいと思う者も大勢いたために、いつまでも続くかに思われた。生産するよりも多く消費することをまるで気にしないアメリカと、消費するよりも多く生産する中国などのアジア輸出経済との間で、〝共依存〟関係が出来上がってしまったのだ。アメリカは対外債務をどんどん膨らませ、中国などはどんどん外貨準備を膨らませていった。アメリカは低い貯蓄率を示し、輸出諸国は高い貯蓄率を示した。銀行とヘッジファンドなどの顧客との間にも似たような共依存関係が発生した。同じことは、住宅ローンの貸し手と借り手の間にも言えた。

こうした状況が維持不能になったのは、アメリカにおける住宅バブルの膨張と、「市場は均衡点に向かうものであり、均衡点からの乖離はランダムである」というモデルにもとづいた合成金融商品、リスク計算、それに金融機関各社独自の市場取引が発達したせいである。一連の金融技術革新は、過去の経験を出発点としており、平均値から乖離した動きや新しいトレンドの発生を許容するための余裕が持たされているが、それでも技術革新そのものが市場に与えるインパクトはモデル構築の際に考慮されることがなかった。

アメリカの家計は、住宅資本が年あたりに換算して一〇パーセント以上の高率で上昇し続けるという異常事態に依存する度合いを高めていった。アメリカの家計貯蓄率はゼロを割り込み、家計は住宅ローンの借り換えを使って住宅資本をどんどん現金化していった。現金化されて引き出された住宅資本は、二〇〇六年のピーク時にはＧＤＰの八パーセント、一兆ドル近くまでいっているが、これはアメリカの経常収支赤字を上回る金額だ。

だが、やがて住宅価格の上昇が終わり下落が始まると、こうしたトレンドは減速し、やがては逆転せざるをえなかった。家計は、突如として過大な債務を抱えていることに気がついた。当然ながら消費も下落せざるをえない。ここまでは古典的なバブルの崩壊だが、事態をややこしくしているのは、これに加えてドル離れと、最近の行き過ぎた金融技術革新の修正もまた、住宅バブル崩壊をきっかけに始まったということだ。住宅バブルと超バブルは、そのようにして繋がっているのである。

サブプライム危機は「引き金」に過ぎない

何が起きているかをきちんと理解するには、今回の危機と、一九八〇年代以来何度か起こっている金融システム危機の数々とを、きちんと区別することが大切だ。

これまでの危機は、結局は克服されてきたが、その結果として長期的に発達しつつあった超バブルの支配的なトレンドと支配的な誤謬を、どちらも強化することになってしまった。今回の危機は、今までの危機とは異なり、住宅バブルのみならず、超バブルの折り返し点ともなるはずだ。サブプライム危機は孤立した現象だと主張し続けていた者たちは、本当の状況をきちんと理解していなかった。サブプライム危機は、超バブルの崩壊のスイッチを入れた、いわば引き金でしかなかったのだ。

後から見れば、これまでのいくつかの金融危機も、国際金融システムにとっては試練だった。国際金融システムが数々の試練をうまく克服した結果、超バブルはかえって強められてしまった。それこそが、これまでの金融危機の〝役目〟だったことは、今となっては明らかである。ただし、現在進行中の危機の役割は、それほどはっきりしていない。現在進行中の危機が一つの時代の終わりであるという私の主張は、科学的予測ではなく、私という一個人の主張でしかない。したがって、もう少し、きちんとした解説が必要になるであろう。

超バブル仮説については、これを支持する証拠は少なからず存在する。アメリカの信用膨張がこれ以上進行する可能性は、ほぼ皆無に近い。特に、アメリカの消費者に関しては。住宅ローンや自動車ローン、クレジット・カードなどは、すでに上限いっぱいまで資金を引き出されてしまった。イギリスやオーストラリアなど、他の先進諸国も似たような状況だ。

企業金融、特にＬＢＯや商業不動産融資についても、同じことがあてはまるかもしれない。だが、そこまでだったらば過去の金融危機にも同じことが言える。現に、一九九七年の途上国通貨危機の際に発表した"The Crisis of Global Capitalism"（邦訳『グローバル資本主義の危機』）でも、私は国際金融システムが崩壊すると主張して結果的に誤っている。信用創造においては、今後どのような新技術が開発され、あるいはどのような新たな資金源が見つかるかは常に予想不能なのだ。

たとえば、現在進行中の危機においては、いくつかの銀行が国富ファンド（中東諸国や中国など、貿易黒字国の政府が豊富な外貨準備を使って立ち上げた国営の投資企業）から資金を調達して、資本金の毀損分をうまく充当している。これなどは、一九八七年にアメリカの株式市場が暴落した際に、日本が最後の貸し手・投資家として急浮上したことを彷彿《ほうふつ》させるではないか。それに、必要とあればＦＲＢは必要なだけドルを刷ることができる。したがって、もはや新たな資金源が存在しなくなったという議論には説得力がない。

より説得的なのは、今回の危機は経済のいずれかの部門ではなく、金融システム全体を包み込むようなものだという事実だろうか。日を追うごとに、国際金融システムが現在の危機を乗り越えられると考えるべき根拠は失われていく。市場の崩壊は、各国の金融当局の力をもってしても、今度ばかりはどうしようもないように思える。銀行から実物経済への資金の流れは、かつてないほどの深刻さでもって、かつてないほど長期に途絶えており、しかもこれは各国中央銀行が銀行システムに資金を注ぎ込んでいるにもかかわらずの現象である。大恐慌以来初めて、国際金融システムは正真正銘のメルトダウン一歩手前のところまで行っている。

これが、今回の金融危機と過去の数次の危機との最大の違いだ。

金融当局の景気対策を縛る「三つの制約」

それでは、今回の危機を過去数次の危機と区別する最大の要素は何であろうか？

各国の中央銀行は、これまでと同じように金融緩和による景気刺激を行っている。今回の各国中央銀行の反応は、これまでの危機に比べて比較的ゆっくりとしたものだが、それは本当にサブプライム危機を、単独の孤立した現象だと信じていたからであり、同時にさらなる介入が広範なモラル・ハザードを引き起こすと懸念しているからでもある。いずれにせよ、各国中央銀行が今回は出遅れたことは確かだ。

もっとも、金融システムの混乱が実物経済に悪影響を与えることが、ひとたび明らかとなると、各国当局はいつものように金融・財政上の刺激策を実施することをためらわなかった。ただし、各国当局の刺激策には三つの制約がかかっている。

第一に、金融技術の革新は近年、もはや当局の手に負えないところまで進んでおり、特に最近売り出された金融商品は不健全であることが明らかとなって、その価値は暴落しかかっている。

第二に、アメリカ以外の国々のドル保有に対する意欲が損なわれてしまっている。このことが各国金融・財政当局の景気浮揚策に対する制約となるのは、急激なドル離れを引き起こしてインフレが手に負えなくなる可能性があるからだ。自らの都合でドルを刷り過ぎたアメリカは、いまや発展途上諸国と似たような状況に置かれているのである。アメリカにとって、これまで国際金融システムを牛耳っていたメリットは、いくらか失われてしまったのだ。

第三に、各銀行の自己資本は著しく毀損しており、しかも自分たちがどれだけの不良債権を抱え込んでいるのかを把握するのに多くの銀行が苦労している始末である。彼らにとって最も重要なのは不良債権を減らすことであろう。そのために、各銀行はＦＲＢが刺激策として供給した資金を借り手に貸し出すことが出来ないか、あるいは、そうする意欲に乏しい。

したがって、これら三つの要因から、今回の景気後退が不可避であり、国際金融システムにとっての一試練で終わったかもしれないものを、傷口を広げてしまった挙げ句に一つの時代の終わりと化してしまうのだ。

私が右に挙げた三要因は、実は超バブルがここまで育ってしまったもととなっている三つの欠陥、すなわちモラル・ハザード、世界経済のエンジンとしてのアメリカ経済の悪化、信用膨張から収縮への転換と密接に関係している。これら三つの欠陥こそが、超バブルに、その特異な力を与えている最も大きなポイントなのだ。

完全な予測は不可能な「超バブル」の未来

ただし、ここで超バブルをあまり強調することにも気をつけなくてはならない。レーガン大統領の「市場の魔法」ではないが、超バブルに何か超越的な力が宿っているように考えるのは間違っている。バブルというものには、あらかじめ定まった径路というものは存在しない。こうでなくてはならない、というものはないのだ。

バブルというものは金融市場を特徴づける「再帰的」な関係の一つの現れでしかなく、しかも決して孤立した現象ではありえない。時に、バブルはあまりに顕著になってしまうために、あたかも孤立した現象であるかのように研究することが可能となるのである。少なくとも、現在崩壊しつつある住宅バブルの場合がそうだ。

だが、そこにおいてさえ、ＣＤＯやＣＤＯ^{2}、あるいはインデックス証券のような合成金融商品の導入が事態の展開に影響を与えている。これまで見たように、超バブルは他のバブルを包摂し、しかも他のさまざまな要因の影響を受けているため、より複雑である（他の要因としては、一次産品ブーム、中国の台頭などが挙げられる）。

ここでは単に、未来をあらかじめ定まった径路にあてはめようとする者を待ち受ける落とし穴について注意をうながすに留めておきたい。過去のパターンが繰り返されるだけだと考えれば、多くの重要な要素を無視する結果になってしまう。正しいのは、過去のパターンを現実の事態の進展と絶えず比較対照することだ。私が超バブルの存在に気づいたのも、そのような地道な作業のおかげだった。

現行の「均衡理論」パラダイムを放棄せよ

もともと、金融市場の新しいパラダイムについて話すときに、私はバブルのパターンを考えているわけではない。私は、「再帰性」について言及しているのであり、バブルは、「再帰性」の実例として説得力があるだけのことだ。繰り返しになるが、この点において説得力があるのは、「再帰性」の理論は、金融市場は均衡点に向かって収斂していくという金融経済についての支配的パラダイムと真っ向から矛盾するからである。

この見方は、金融市場が混乱に見舞われている今日、特に説得力豊かであろう。現在支配的なパラダイムでは何が起きているかをうまく説明できないのだ。だが、「再帰性」の理論を使えば、それが可能となる。現在のパラダイムを放棄するべき理由は、いよいよ強まっていると言うべきだろう。

今一度断言しておきたい。市場が均衡点に向かって収斂するという均衡理論の考え方は、現在の混乱に直接的な責任を負うものだ。市場メカニズムの自己修復能力を過信して政府の規制を撤廃させたのは均衡理論なのである。「価格はランダムに動くが、やがては平均値に向かって回帰する」という考え方が、合成金融商品などの、現在崩壊しつつある金融手法のもととなったのだ。

金融市場を理解するには、「再帰性」の理論にもとづく新パラダイムに従って、それを歴史の一つの形として解釈するのが最良だということになる。過去は一意的に決定されているが、未来は不確定なのだ。結果として、どのようにして現在にいたったかということのほうが、これから何が起きるのかということよりも説明しやすい。特に現在の金融危機では「再帰的」な過程は一つだけでなく、複数が同時並行的に進行中である。そのため、起こりうる事態の幅は、かつてないほどに広くなっている。

よって、超バブル以後の展開の説明もまた、大きな困難に逢着することになる。過去は一意的に決定されているが、未来を決定づける、あまりに多くの要素がそこにあるために、超バブルと関係のあるさまざまな過程や、これまでに例のない出来事は、分析が可能なところまでその数を減らさなくてはならない。

超バブル仮説は、第二次大戦後から現在にいたるまでの金融の歴史を包括的に語るのにも使えるだろう。だが、それは本書の目的の埒外《らちがい》にあるし、だいたい私の手に負えるわけでもない。次の第六章では、戦後の金融史の、あまりに巨大な全体像ではなく、私の金融界における過去五五年間の経験を述べてみたいと思う。同じ期間を俯瞰《ふかん》する個人史というわけである。そうするほうが一般的な歴史叙述よりも役に立つと思う。

さらにその次の第七章では、そうした過去の経験を未来の予測に使用することの困難さに論題を転じつつ、今年前半に私が抱いた予測と、それ以後の私の見方の変化の両方を記している。つまり、リアルタイムに近い形で私は自分の「再帰性」の理論の実験を行うわけであり、読者にとっては、私の方法が実際の投資判断においてどう生きているかを窺《うかが》う機会となるであろう。

第二部　分析と提言

第六章

私はいかにして投資家として成功したか

昔は厳格だった金融規制

私の金融市場とのつきあいは、かれこれ半世紀以上にわたるものである。おかげで、私は第二次大戦後の金融史を、ほぼ自分の個人史として理解出来る。

この半世紀の金融市場の変化を一言で言えば、「昔と今とでは、とても同じものとは思えない」といったところであろうか。現在では奇々怪々だとしか思われないような仕組みが、昔は自然なことか、時には不可避なものとして受け止められていた。逆もまた真で、現在では広く使用されている金融商品や金融手法が、かつては〝ありえない存在〟だったのだ。

たとえば、私はかつてワラント（一定期間内に、発行企業の株式を一定価格で買い取る権利を保有する有価証券）や転換社債（一定期間内であれば、あらかじめ定められた条件で発行企業の株式に転換できる社債）に特化した裁定取引のトレーダーだったことがあるが、その当時、私は株式を組み合わせた、売買可能なワラントを組み立てることを夢見ていた。もちろん当時は、そんな金融商品は規制当局に許されなかったに違いない。だが、そんな突飛なことを考えていた当時の私でさえも、現在、普通に売買されている合成金融商品の多種多様ぶりは、想像さえ出来なかった。

第二次大戦が終結した時点では、銀行や証券会社などで構成される金融業界が経済に果たす役割は、現在におけるそれとはだいぶ異なったものだった。まず、銀行も各種の金融市場も、厳格に規制されていた。経済全体に対する債権・債務の残高の比率も、現在よりはずっと低かったし、どのような担保に対しても借りられる金額は現在よりもずっと少なかった。

住宅ローンには少なくとも二〇パーセントの頭金が必要で、また、株式を担保にして金を借りようとすれば、その市場価値の半分以下しか借りられないと法律で定められていた。かつては自動車ローンにも頭金の払い込みが必要だったが、今では頭金を必要としない形が一般的になっている。クレジット・カードは、まだ発明されておらず、無担保の融資はほとんど存在しなかった。

金融機関株がアメリカの上場株式の全体に占める割合は、今よりもずっと小さかった。そもそもニューヨーク証券取引所でさえも、上場されている金融機関株はごくわずかだった。おまけに銀行株のほとんどは店頭取引で、しかもその多くはいちいち予約を入れないと売り買い出来ないのだった。

また、国境を越える資金のやりとりは、ほとんどの国で制限されており、国際的な資金の移動はほとんどないも同然だった。第二次大戦後の世界経済の安定的な成長を実現するために一九四四年に開かれたブレトン・ウッズ会議では、国際貿易を助け、民間の国際投資を補うために、国際通貨基金（ＩＭＦ）、世界銀行といった諸機関の設立が決定された。これらの機関を実際に設立したのはアメリカだったが、経済学者ジョン・メイナード・ケインズ率いるイギリス代表団の意見も反映された。もっとも、イギリス側の提案の多くをアメリカ側は却下している。ブレトン・ウッズ会議で誕生した諸機関の株式は、先進諸国の政府が共同で保有することになったが、拒否権を持てたのはアメリカ政府だけだった。

国際金融システムは、表向きは金を通貨価値の基準とする「金本位制」を採用していたが、実質的には一オンス三五ドルで金を兌換《だかん》するという約束のアメリカ・ドルが国際通貨として機能していた。しばらくの間、英連邦加盟諸国は自国通貨をイギリス・ポンドに連動させていたが、ポンドの価値が下落し続けたため、この〝ポンド経済圏〟は結局解体してしまう。

戦争直後には世界中が深刻なドル不足に陥り、アメリカはマーシャル・プランを実施してヨーロッパの再建を助けた。そのおかげもあってドル不足は徐々に解消され、やがてEEC（ヨーロッパ経済共同体）の結成と日本の復興（後にアジアの新興工業諸国は、日本の発展戦略を模倣することになる）により、ドル不足の状況は逆転することになる。大規模な資本流出と貿易赤字、さらにベトナム戦争の出費も重なり、ドルの実質的な価値が急落したために、ドル切り下げの圧力は強まるばかりだった。

それでも国際金融システムは先進諸国、中でもアメリカが牛耳っていることに変わりはなかった。ついに一九七一年の八月一五日、金本位制を維持できなくなったアメリカ政府はドルの金兌換廃止を宣言し、固定相場制から変動相場制へと移行したが、その後もドルは、各国中央銀行が外貨準備金として蓄える機軸通貨の地位は保持したのである。

「退屈な銀行」から「儲ける銀行」へ

私がロンドンのとある証券業者の見習い社員《トレーニー》となったのは、一九五三年か一九五四年のことだった。最初に学んだのは株式の裁定取引である。同じ商品について、異なる市場間でわずかでも生じた価格差を使って利益を上げようとする手法のことだ。とはいえ、当時、国際的な商品の売り買いは石油と金くらいに限定されており、しかも「スイッチ・スターリング」もしくは「プレミアム・ドル」といった、国際商品取引用の特殊な通貨でなければ売買にも参加できなかった。公式の為替レートは固定されていたが、国際金融取引に使われるこれら通貨の相場は実際の需要と供給に従って、公式の為替変動幅よりも大きな振幅を見せた。

一九五六年に私はアメリカに渡る。ヨーロッパ共同市場の発足後、アメリカ人投資家がヨーロッパに向ける視線には熱いものがあった。そこで、私はヨーロッパ株の「トレーダー兼アナリスト兼セールスマン」となる。だが、この商売は一九六三年にケネディ大統領が、海外における外国株の購入に対して、税率一五パーセントの、いわゆる金利平衡税を課したことで終わりを告げる。

私は徐々に取引の重心をアメリカ株の売買へと移していった。最初はアナリストとして活動したが、やがてヘッジファンドを運用するようになった。ヘッジファンドのマネージャーとしては第一世代である。当時、ファンドのマネジャーは全部で四、五人いたくらいだろうか。

アナリストとしては、銀行業界が大きく発展していく過程を目撃することになった。一九七二年に、私は「銀行の成長可能性」というレポートを発表した。当時、銀行ほど堅物《かたぶつ》の企業はないと思われていた。一九三〇年代の大不況の記憶がまだ生々しいおかげで、銀行の経営陣は過剰なほどに慎重だったのだ。利潤や成長よりも安全性が第一の経営を、どの銀行も追求していた。

今では信じられないような各種の規制が各銀行をがんじがらめにしていた。複数の州にまたがるような営業活動は禁止されており、州によっては一つの銀行が複数の支店を持つことさえ禁じられていた。退屈な業界とあって、銀行に就職する者もまた退屈な連中だった。つまり、当時の銀行界は、「凍結《フローズン》」という形容がぴったりするような状態にあった。銀行株は、値上がり益《キャピタルゲイン》を期待するような投資家には相手にされなかったのだ。

だが、実は投資家たちが気づかないうちに、銀行業界を取り巻く環境にも変化が訪れていた。ビジネス・スクール卒で、純利益を重視するような〝新人類〟の銀行家が増えつつあったのである。私がレポート「銀行の成長可能性」の中で主張したのも、その点だった。

新しい時代の銀行として象徴的だったのが、ウォルター・リストン頭取率いる「ファースト・ナショナル・シティバンク」だった。同行で修業した銀行家たちが、続々と他の銀行のトップに就任しつつあった。新しい金融商品が次から次へと誕生し、自己資本をより積極的に融資に向けることで収益を大きく改善させる銀行も出てきた。優良銀行となると、一三パーセントなどという高い自己資本収益率を達成していたのである。

オイルショック後のインフレ懸念からマネタリズム導入へ

他のどの業界でも、それだけの自己資本収益率を見せて、しかも一株あたりの収益の伸びが一〇パーセントを超えていれば、株価も資産の時価総額を大きく上回る水準で取り引きされていたであろう。だが、銀行株に限っては、ほとんどが時価総額相応でしかなかったのだ。さらに、多くの銀行は、当時の基準で見た場合、自己資本との比率において健全性の限界まで貸し出しを増やしていた。それ以上の成長を実現するには、自己資本を拡充しなければならない。

そのような中で、「ファースト・ナショナル・シティバンク」が証券アナリストを多数招待して晩餐会《ばんさんかい》を開いた。当時の銀行業界では、前例のない試みである。

実は、私が「銀行の成長可能性」のレポートを発表することを決めたきっかけが、この晩餐会だった。銀行界は良い成績を上げており、しかも晩餐会などの機会を設けて、銀行の経営陣がその成績について世間に訴え始めた。したがって銀行株は上がるであろう――という内容である。実際、一九七二年に銀行株は絶好調で、私も自分のファンド用に購入した銀行株でもって、五〇パーセントの好リターンを上げている。

翌一九七三年には、第一次オイルショックが発生し、欧米の大銀行には大量の石油資金が流れることになった。ユーロダラー市場が誕生し、国際金融の大ブームが起きた。ビジネスの大半はアメリカ国外で行われ、アメリカの銀行も国内の規制を逃れるため、争うように海外に持ち株会社を設立した。さまざまな金融商品や金融技法が新たに生み出され、銀行業はほんの数年前に比べても、ずっと洗練された仕事をこなすようになっていた。

一九七九年に起きた第二次オイルショックは、インフレ圧力をいっそう高めることになった。インフレを制御しようとして、FRBは経済学者ミルトン・フリードマンの主張するマネタリズムを採用した。マネーサプライ（通貨の供給量）に目標値を導入する一方、それまで操作していたFF（短期）金利は自由に上下するにまかせたのである。この新政策は一九七九年一〇月に導入され、レーガン大統領が就任した頃には、すでにアメリカの金利は記録的な高水準に達していた。

レーガン大統領は、企業への減税が民間経済に活力を生み、かえって税収を増大させるという、いわゆるサプライサイド（供給重視）経済学の政策処方と、アメリカの軍事力強化の重要性を信じていた。レーガン政権の初年度予算は、大幅な減税と巨額の軍拡《ぐんかく》をともに盛り込んでいる。軍事以外の政府歳出を減らそうとして努力も重ねたが、そうして捻《ひね》り出された歳出減は、軍拡および減税による歳出増よりも、はるかに小さかった。政治的に最も抵抗の少ない道が選ばれたのである。かくて、巨額の財政赤字が発生した。

レーガン政権の「帝国循環」

問題は、巨額の財政赤字＝政府の借金が、マネーサプライに関して厳格な目標を適用する、金融引き締め政策のただ中で発生したということだ。当然ながら、すでに高かった金利は、前例のない水準まで上がっていく。予想外に高い金利と、輸出先であるアメリカの不況のダブル・パンチのため、一九八二年八月にはメキシコ政府が対外債務のデフォルト（債務不履行《ふりこう》）を宣言した。これが一九八〇年代の途上国債務危機の幕開けである。ラテンアメリカなどの途上国経済は壊滅的なダメージをこうむることになった。

慌てたFRBは、金融緩和でもって国際銀行危機に対応した。マネーサプライの目標は、ひとまず棚上げである。しかも、財政赤字はようやく加速し始めたところだった。潤沢に資金が供給され、国中にマネーが溢れる。景気刺激のアクセルが、ぐっと踏み込まれたわけで、アメリカ経済は一気に勢いづく。

それまでの景気後退が深刻だった分だけ、アメリカの景気回復は力強かった。家計も企業も盛大にお金を使い、そのうえ銀行がまた支出増をそそのかしたことも、景気回復に貢献した。軍事支出もどんどん増えていった。平均的なアメリカ人の実質所得は増大した。企業は加速的減価償却《しょうきゃく》など、税制上の優遇措置の恩恵にも浴した。

銀行が融資に積極的だったのは、好況の中で、どんな融資であろうと自らの資産構成を改善することが明らかだったからだ。経済成長が力強いせいで資金需要も旺盛となり、おかげで最初のうちは下がっていた金利が再度上昇に転じ、歴史的な高水準でしばらく安定したかと思うと、さらに上昇していく。

高金利に加えて、レーガン大統領の力強さ、楽観主義のおかげで、アメリカは投資先としてひどく魅力的に見え出した。その結果、外国資金がアメリカに大量に流入する。為替レートがぐんぐん上昇し、他国に比べて金利も高かった「強いドル」は投資対象として、このうえもなく魅力的だった。強いドルはアメリカの輸入を増やし、輸入増はアメリカ国内のインフレ率を低いままに留める結果をもたらした。つまり、「強い経済」、「強い通貨」、「大きな財政赤字」、それに「大きな貿易赤字」が相互に補強しあって低インフレの高成長をもたらすという、正のフィードバックが動き出してしまったのだ。

私はその後、ほどなくして刊行した処女作『ソロスの錬金術』の中で、この正のフィードバックのことを「レーガンの帝国循環」と表現した。それは世界中から財と資金を呼び込むことで強大な軍事力を維持するという仕組みだったからである。この循環は、世界経済の中枢部というべきアメリカには優しく、周辺部にあたる発展途上国に対しては厳しかった（私は「レーガンの帝国循環」を、バブルのモデルとは別種の「再帰的」過程の実例として紹介した）。

これが、アメリカの経常収支赤字の始まりであり、「困った時の在庫の引受先」としてのアメリカの登場である。国際経済における〝エンジン〟というアメリカの役割は、その後、紆余曲折を経ているが、基本的には今日にいたるまで同じままである。

連鎖破綻回避が目的だった途上国救済

一九八〇年代の途上国債務危機は、その後の各国政府・銀行の協調介入によってひとまず終息した。とはいうものの、銀行システムに資金を注入するだけでは十分ではなかった。先進諸国の銀行から途上国政府が借りた金額の総額は、銀行の自己資本を大幅に上回っていたのだ。問題のある国々がデフォルトを実行すれば、先進諸国の銀行システムも破綻状態に陥っていただろう。最後にそのような事態が発生したのは一九三二年のことで、その結果が大不況だった。そうした史実に鑑《かんが》みれば、何があっても途上国に債務不履行をさせるわけにはいかなかったのである。

その結果、先進諸国の中央銀行は伝統的な役割から大いに逸脱した政策を実施した。各国の中央銀行が一致団結して債務国の救済を行ったのだ。モデルとなったのは、一九七四年、イギリスの中央銀行であるイングランド銀行が、管轄外である中小の金融機関に行った救済策だ。債務不履行に陥りかけた中小の機関を救うことで、彼らに大量に資金を貸し付けていた大手銀行の財務をも救ったのである。ともあれ、このときの危機は、債務者側の救済が国際協調を通じて実行された初めての例となった（ちなみに、この時の中央銀行による途上国救済をモデル・ケースに実施されたのが、二〇〇八年三月のベア・スターンズ救済劇だ）。

当時、先進諸国の中央銀行は、国際協調的な行動を行うには十分な権限がなかった。そのために、ＩＭＦなどの機関が実際の融資を行う形が一般的であった。

典型的な救済策は、先進国の中央銀行が貸し出し期間を延長し、ＩＭＦなどの国際機関が現金を注入する一方、債務国側は経常収支を改善するためにＩＭＦが提示する緊縮政策を受け入れる——というものだった。だが、ほとんどの場合、債務国が利払いで遅れないように、各銀行が追加的に現金を途上国に融資しなくてはならなかった。こうした「救済策パッケージ」は、破綻の回避という意味では国際協力の驚くべき成功例となった。ＩＭＦ、国際決済銀行（ＢＩＳ）、数ヵ国の政府ならびに中央銀行、そして多数の民間銀行も加わったグローバルな救済劇だった（たとえばメキシコの場合、五〇〇以上の民間銀行が関係していたと言われる）。

私は、この当時の危機において露見した金融システムの問題点に魅了され、危機そのものと、危機に対する救済劇とを、その後じっくり研究した。私が書いた途上国救済策についての数本のレポートは、モルガン・スタンレーが配布した。私はこの救済策を「団結貸し付けシステム」と名づけた。

国際機関、各国政府と中央銀行、それに多数の民間銀行が団結できたのは、〝連鎖破綻〟の恐怖のせいだった。破綻を回避するためには、いかなる代価を支払ってでも債権の健全性を維持しなくてはならない。そこで割を食ったのが、債務国各国である。どの債務国も、返済条件を多少は緩和してもらったが、その分、将来の返済金額は増えていったからである。債務国がこの酷《ひど》い条件を受け入れたのは、国際資本市場から排除されないため、資産の差し押さえを警戒したため、それに未知の領域に突入することを純粋に恐れたためだった。

超バブル〝誕生の瞬間〟

一方、債務国が採用した緊縮政策は確かに一定の効果を上げたが、それでも経常収支の改善分を上回るペースで債務が増えていく国もあった。この問題を認識した民間銀行は、貸《か》し倒《だお》れ引当金《ひきあてきん》を積み上げていった。私はこの問題を『ソロスの錬金術』でも概観したが、当時はまだ債権国側の団結にヒビを入れることなしに、貸し倒れ引当金を債務国側に譲る方法は見つかっていなかった。やがてブレイディ債（途上国の、さらなる債務削減や金利減免を条件に、ＩＭＦや先進諸国が担保を保証した債券。債務国の債券と借り換えることで銀行も売買しやすくなる）が考案されてこの問題は決着を見るが、それでもラテンアメリカの多くの国々が、「失われた一〇年」を経験することになった。

それ以前は、ひとたび信用危機が起こると、再発を防ぐために、危機の原因となった金融機関は、より厳しく監督されるのが常だった。だが、レーガン政権時代、市場原理主義がすでに力を得ていたとあって、途上国債務危機は逆の結果を招いてしまう。アメリカの銀行は、危機以前に比べて、事業の自由度を高めたのだ。アメリカの金融業界に対して施行されていた様々な規制は、段階的に撤廃されていった。

アメリカの銀行は、支店の新設も、州を超えた合併も、新規事業への参入も、すべてが許されるようになった。証券業務と銀行業務を分離していた規制も全面的に廃止となる。「団結貸し付けシステム」への参加がかなりの負担になった民間銀行は、自行のバランスシートに記入される債権をなるべく減らしたかった。そのためには、債権を一まとめにして、規制当局の監督外にある投資家に売り飛ばせばよい。かくして、それ以前とは比べ物にならないほど洗練された金融商品が多数、新たに開発されるようになった。超バブルが生まれ、本当に育ち始めたのは、この時だったと言ってよい。

だが、もはや繰り返すまでもないかもしれないが、新種の金融商品も、新しい取引方法・資金調達方法も、それぞれに致命的な欠陥《けっかん》を抱えていた。どれも「金融市場は均衡点に向かって収斂していく」「均衡点から一時的に乖離することはあっても、やがては平均値に戻ってくる」という、虚構に過ぎない仮説の上に組み立てられていたのである。要は、過去の経験が未来に対して信頼できる指針になると見なされたのだ。だが、この理屈は、それらの新しい金融商品や資金調達方法こそが、金融市場の働きそのものを激変させてしまうという事実をまったく考慮しないものだった。

省みられなかった「規制緩和」の流れ

私の個人的な経験からいっても、国際銀行危機を契機に金融界は激変している。一九九〇年代初頭、数年ぶりに投資稼業に復帰した際、私は最初、「どうしてよいかわからなかった」のだ。

途上国債務危機以後も、国際金融市場の一部が崩壊するという事態は、何度か起きている。一九八七年には、ポートフォリオ保険（インデックス＝株価指数先物を空売りすることで、下落損を帳消しにする手法）の過剰な行使のせいで、通常であればただの株価の退潮ですむはずのものが、かつてないほどの株価暴落となっている。ポートフォリオ保険というのは、ノックアウト・オプション（ある価格を超えると価値を失うオプション。主に商品と通貨の投機で使用する）を使うものだが、その使用があまりに大規模だったために、破局的な断絶を引き起こさずにはおかなかったのだ。

これよりは規模が小さいものの、他の市場でも似たようなエピソードは発生している。円ドル為替相場で起きたクラッシュも私は目撃しているし、住宅ローン債権を再分割した証券では、「有毒廃棄物」と分類された劣悪債権が小型のクラッシュを引き起こして犠牲を出した。

途上国通貨危機の一環として一九九八年に起きたロシアのデフォルトが、巨額の借り入れで知られた巨大ヘッジファンドＬＴＣＭ社の破綻をもたらし、金融システムの安定性を脅かしたことは記憶に新しい。当時、ＦＲＢは金利を引き下げ、ＬＴＣＭへの貸し手たちは協調救済を実施しなくてはならなかった。

ただし、こうした危機は、いずれも当局や関係者の間で省みられることはなく、「市場の再規制」化にはつながらなかった。それどころか、金融システムがこうしたストレスに耐えたことで、市場原理主義はかえって強化され、さらなる規制緩和をもたらしてしまったのである。

そこへ二〇〇〇年のハイテク・バブル崩壊が訪れ、翌年には同時多発テロも起こった。そのまま不況へ突入するのを防ぐために、ＦＲＢはＦＦ（短期）金利を一パーセントまで引き下げ、この記録的な低金利水準を二〇〇四年六月まで維持する。この超金融緩和に、さまざまな金融技術の革新が加わって、住宅バブルが育ったということは、すでに述べた。

リスクが広く分散された結果、個々の金融機関や投資家が引き受けることのできるリスクは大きくなっていった。だが、不幸なことに、そのリスクは事情を熟知している金融機関を素通りし、実情をよく知らない投資家に負わされていった。さらに悪いことに、新しい金融技術があまりにも洗練されすぎていたために、規制当局はそれらに内在するリスクを正確に計算することが不可能になってしまった。規制当局は、金融商品を開発した金融機関自らの手によるリスク評価手法を信じて、これを使用せざるをえなかった。

規制当局の責任放棄という点で、これほどひどいものは、ないであろう。そもそも、規制当局は、自分たちがリスクを計算できないような商品の発売を許可するべきではなかったのである。さらに言えば、各銀行のリスク・モデルは、あくまで「金融システムが安定している」という前提にもとづいて組み立てられていた。しかし、市場原理主義者たちの信念とは裏腹に、金融市場は自動的に安定するものではない。政府による積極的な介入があって、初めて金融市場は安定するものなのだ。

「市場原理」を信じすぎた当局の無策

市場参加者が作ったリスク計算に依存するという決断を下したことで、規制当局は海底から錨《いかり》を引き上げてしまったも同然だった。信用膨張の大波にさらわれ、金融市場は大々的な漂流を始めたのである。

特に、バリュー・アット・リスク（VAR=value at risk）と呼ばれる計算は、過去の実績をもとにしていた。だが、過去の経験は、チェックの働かない信用膨張の中では、ほとんど役に立たない。VAR計算では、株価の平均値からの乖離は標準偏差一個か、せいぜい二個分だと想定しており、それを上回る乖離は、きわめて稀なケースだとされていた。ところが、その乖離がどんどん大きくなっていったのである。そのことだけでも警鐘として受け止められるべきだったが、規制当局も参加者も、ほとんど無視した。せいぜいが、金融ネットワークシステムにストレス・テスト（コンピュータに大量のデータを流し、正常に機能するかどうかを試すテスト）を導入して、想定外の事態に対して、どの程度準備が出来ているかを計るくらいだった。

同様に、住宅ローン債権を組み合わせ、再分割した各種の合成証券は、「アメリカの住宅ストックを全部まとめた場合、その価値は決して下がらない」という前提のもとで組み立てられていた。地域的な価格変動はありえても、アメリカ全体としての住宅市場は安定的な上昇基調を続けていくだろうと仮定されたのだ。さまざまな地域にまたがる形でリスクを薄く広げる証券のほうが、個別的な住宅ローン債権よりも安全に思われたのは、この理屈のおかげだった。つまり、現実の世界で今われわれが目にしている超大型で全米規模の住宅バブルの〝可能性〟は、最初から、これらの商品のリスクからは除外されていたのである。

政府や金融当局は、もう少し先見性を働かせてしかるべきだった。過去にも何度か危機に直面し、介入してきたわけだし、しかも一連の介入の結果がモラル・ハザードを引き起こしているという事実も当局は理解していたはずだ。だが、口ではモラル・ハザードに懸念を抱いているようなことを言っていても、いざ危機が起きれば、大型金融機関は破綻の影響が大き過ぎるという理由で必ず救済されてきた。

当局は、これまでも救済を重ねてきたせいで、金融機関がリスクを気にせず、がむしゃらに貸し付けを増やしている事実を数字の上では理解していた。しかし、市場原理主義勢力の教義を真に受け、しかも、これまでの「救済成功」体験で気がゆるんでいたのか、放っておいても市場は安定すると、いつのまにか信じるようになっていったのだ。信用膨張がとうてい維持できない水準まで進行してしまったのは、このためである。

グリーンスパンの真の評価

信用膨張を止めるべきタイミングとして最適なのは、バブル初期の成長期だ。だが、中央銀行は物価や賃金の上昇には敏感に反応しても、土地や株などの資産の価格が上昇する、いわゆる「資産インフレ」は守備範囲の外だと考えているようなフシがある。ちなみに、FRBは食品・エネルギー価格を除外した「中核《コア》物価」を指標に政策を決定している。

グリーンスパン前FRB議長は、一九九六年一二月、株式市場の「不合理な熱狂」(irrational exuberance)について激しく批判したが、だからといって何か具体的な行動を起こしたわけでもなく、しかも自分の発言の結果、世界中で株価が下落すると、それ以上この問題について発言することを止めてしまった。経済の動きについての理解についていえば、グリーンスパンは他のエコノミストとは比べものにならないほど深みがあったし、自分の発言を使って市場を上手に操縦する方法を、よく理解していた。私の「再帰性」理論の用語で言えば、経済見通しや経済分析の「操作機能」を熟知していたということになる。そんなグリーンスパンの先見性に富んだダイナミックな通貨行政に、私は感心することしきりだった。ヨーロッパ各国の中央銀行の、まるでバックミラーを見ながら運転しているような〝おっかなびっくり〟ぶりとは、著しい対照をなしていたのである。

だが、グリーンスパンは、自由放任主義的な作品で知られる作家アイン・ランドに触発された政治的信条のせいか、FRB議長としての職責と明らかに矛盾する発言を行うことも、たびたびだった。たとえばグリーンスパンは、ジョージ・W・ブッシュ大統領がアメリカの上位一パーセントを占める超富裕層向けの減税を行うと、これを支持したし、財政赤字は裁量支出、それも福祉的な側面の強いものを削ることで達成するべきだと主張した。これは個人的意見だが、FF（短期）金利を必要以上に長い間一パーセントという超低水準にとどめておいたのは、二〇〇四年の大統領選で共和党を有利にするためだったと思えてならない。住宅バブルに誰か責任者がいるとすると、それはまずもってアラン・グリーンスパンなのである。

学究出身のベン・バーナンキ現議長は、市場を上手く操作するという点では前任者のグリーンスパンに見劣りする。そして、バーナンキもイングランド銀行総裁のマーヴィン・キングも、金融機関・金融システムの救済を重ねることがモラル・ハザードを引き起こすことを真剣に憂慮していたが、その真摯《しんし》な姿勢が二〇〇七年に住宅バブルが弾けた際の救済策の出遅れをもたらすことになったのである。

金融当局は住宅ローン業界における不健全な慣行を一貫して無視し、実物経済に与える悪影響をあまりに過小評価していた。FRBが、今回の金融危機について後手に回っているのは、そのためである。住宅ローン業界の規制は、十分にＦＲＢの権限の内だったが、この権限があるべき形で行使されることは最後までなかったと言ってよい。

すべては、次期大統領に期待

アメリカ財務省もまた、住宅バブルが膨れ上がっていく中で、まるで受動的であり、サブプライム危機が相当に深化して初めて、その重い腰を上げた。住宅ローン業界の営業活動が停滞しきった後になって、財務省は新しい規制を導入した。しかも、ダメージを抑えるための活動としては、資金繰りに苦しむ貸し手に〝自主的な協力〟を要請するばかりだった。

確かに、個々の金融機関に自主協力を求めるというアプローチは、一九八〇年代の途上国債務危機の際にはうまくいったが、それは危機に陥った当事者が、貸し出しを行った先進国の民間銀行のみであり、先進諸国の中央銀行としても影響力を行使しやすいという事情があったからである。だが、現在進行中の危機は、不良化した住宅ローン債権が分割され、組み合わさって転売されてしまっているため、国際銀行危機の時代とは比べ物にならないほど複雑になっている。危機の当事者が誰であるかも明確でない以上、当事者を集めて協力を要請することは、ほぼ不可能なのだ。

新しい政策も、あまり期待できそうにない。アメリカ財務省の音頭で、「スーパーＳＩＶ」

なる機関を創設し、個々のＳＩＶが資産を投げ売りする危機を予防しようという構想は死産に終わった。変動金利ローンの最初の一八ヵ月が経過して、月々のローン支払額が急増し、家の売却を迫られつつある家計を支援するための政策も、その効果は限られていることだろう。住宅ローン会社各社は、すでに自社の経営悪化に対応するのに精一杯で、借り手を助けるために自主的に何かを行う動機は、いっさいない。ましてサブプライムローンの借り手は、およそ二三〇万人もおり、その多くは無思慮《むしりよ》な貸し手に騙《だま》されるような形でローンを組んでいる。

サブプライム危機は単なる経済危機という以上に、深刻で広範な社会的影響を残すに違いない。だが、現在のブッシュ政権に多くを期待することはできない。具体的に手を打つのは、次期政権の仕事ということになる。新大統領が就任する来年一月ともなれば、すでに問題の深刻さは全面的に明らかになっていることだろう。

サブプライム危機で儲けていた現財務長官

今世紀に入り、ファンドの運営から身を引いていた私は、住宅バブルの成長も市場とは距離を置いて見守っていた。日々のファンド運営を担当していたパートナーが二〇〇一年に引退して以降は、私は自分のヘッジファンドを、より受け身の運営姿勢に切り替え、業態も「恒久基金ファンド」に変更して、私が理事長を務める「オープン・ソサエティ財団」など、各財団の資産運用を主たる業務とするようになった。資産の大半は外部のファンド・マネジャーに委託した。

にもかかわらず、私は超バブルが成長しつつあることをはっきりと見てとることが出来た。酷い結末を迎えるであろうことも容易に想像がついた。私は、二〇〇六年に刊行した本でも、「酷いことが起きる」という予測を、はっきりと述べている。投資業界は私のような年寄りの陰鬱居士《いんうつこじ》に耳を傾ける者と、新しい金融商品や金融技法の使い方に夢中で、その力を妄信《もうしん》する若手とで真っ二つに割れてしまった。

もちろん、若手にも例外的に洞察力に長けた人物はいた。アメリカの現財務長官であるヘンリー・ポールソンなどは好例で、彼はサブプライム住宅ローンのデフォルト保険を購入して、払い込んだ保険料の何倍にものぼる利益を上げている。私はポールソンをランチに招いて、そんな芸当の秘訣を問い質したこともある。

二〇〇七年の八月にサブプライム危機が顕在《けんざい》化すると、私は事態の深刻さをすぐに理解し、ファンドの運営も他人任《まか》せにはできないと判断した。私は他の者たちが維持しているポジションに優先する「マクロ」取引口座を開設して、ファンドの運営に復帰した。現在、先進諸国、特にアメリカは深刻な危機に突入しつつあるが、それでも世界の他の地域、特に中国やインド、産油国などの「一次産品国」では経済成長がまだまだ力強いと考えていた。結果、私のファンドは、それらの国々の株式を大量購入したのである。

途上国での持ち高を守るために、先進諸国では大々的に売り持ちの状態《ポジション》を組むことにした。だが、現在の市場について私は詳細な知識を持っているわけではないので、株価インデックス投資や通貨投機といった、ごく大雑把《おおざっぱ》な投資方法しか選べなかった。だが、それでもこの戦略はそれなりに十分な成果を上げてくれた。もちろん、途上国の株が直線的に上がったわけでもなければ、先進国の通貨が直線的に下落したわけでもない。それどころか、市場の変動幅《ボラテイリテイ》は増し、売り持ちポジションを維持することについては、正直、大変な度胸がいった。

さて、最近の投資の話になったところで、この章を締めくくり、次の章に移りたいと思う。次章では、この章で述べてきたような過去の私の経験を、実際に未来の予測に適用することの難しさに論題を転じ、今年の初頭に私が抱いた予測と、それ以後の私の見方の変化の両方を記している。読者にとっては、私の方法が実際の投資判断においてどう活用されているのかを知る機会となる。

第二部　分析と提言

第七章

二〇〇八年は、どうなるか？

私は処女作『ソロスの錬金術』の中で、ヘッジファンドを運営する際の日々の意思決定過程を日記の形で公表したことがある。いわば、投資判断の〝実況中継〟である。この本でも同じことをしてみたいと思う。

二〇〇八年一月一日――銀行・証券が非成長産業に？

一．金融危機には信用収縮がつきものだが、今回もその例外ではない。各国の中央銀行は、これまでの危機で常にそうしてきたのと同じように、今回も金融システムに資金を供給して、危機の最も激烈な局面を緩和しようとするはずである。そのおかげで、一九三〇年代の大不況のような、国際金融システムが全面的に崩壊するという事態は避けられるものと思われる。ただし、これまでの危機の後には金融緩和政策が信用の伸びへと繋がり、新たな経済成長が始まったが、今回は、成長が再開されるまでに要する時間は従来よりもずっと長くなるだろう。

ＦＲＢは金利を下げようとするだろうが、諸外国がドルやドル建ての長期債券を嫌い始めているという事実によって、利下げにはブレーキがかかるはずだ。また、最近開発された金融商品の多くは不健全であることが証明され、販売が取りやめとなるはずである。

さらに、いずれかの大型金融機関が破綻状態にあることが判明して、市場から資金が逃げ出すかもしれない。担保物件に対して借りられる資金の額が減るなど、資金コストは上昇するだろう。一方、企業や家計はリスク回避に向かい、その資金借り入れ意欲も減退するはずだ。国際的な信用膨張の源として最も重要なアメリカの経常収支赤字も減り始めるだろう。

これらのすべてが、アメリカ経済のパフォーマンスを悪化させることになる。

二．銀行業・証券業は、長期的な変質を遂げるはずである。両者とも、一九七二年以来、今日にいたるまで次々と新しい金融商品を開発し、しかも日を追って規制環境が緩くなってきたおかげで一貫して成長企業であり続けた。このトレンドが逆転するのである。

金融当局は、再度金融界に対する支配権を強めようとするだろう。その試みがどこまで成功するかは、今度の危機が、どれだけ深刻であるかにかかっている。もしも税金の投入が必要になるのであれば、立法府である議会が危機克服の政策作りに関与することになるわけで、そうなれば大々的な規制強化という結果になるかもしれない。

一九八〇年代末に金融界はアメリカのＧＤＰの一四パーセントを生み出していたが、一九九〇年代末にはこの数字は一五パーセントに微増し、さらに二〇〇六年には二三パーセントと大きく伸びている。だが、この比率は、二〇〇六年の数字くらいがピークだったようで（この文章を書いている二〇〇八年三月一四日の時点で、一八・二パーセントまで下がってきている）これから一〇年後には、もっとずっと低くなっているだろう。

三．だが、信用収縮が絶対に長期化するとか、世界経済全体が確実に衰えると考えるべき理由はない。というのも、危機とは反対方向の力も存在するからである。中国やインド、それにいくつかの湾岸産油国は、現在ダイナミックな経済発展のさ中にあり、これらの国々の良好なパフォーマンスは、金融危機およびアメリカの不況によって、大きく損なわれる可能性は低そうだ。

アメリカの不況も、経常収支赤字の減少によって、いくらかは緩和されるものと思われる。

四．ブッシュ時代のアメリカは、世界における指導的大国としての役割を、きちんと果たすことが出来ないままだった。イラク侵攻は、原油価格の上昇と、アメリカ以外の国のドル離れが背景となって引き起こされたものだ。だが、イラク占領があまりに高くついたために、アメリカの国際社会における力は、急落してしまっている。

現在、各国が外貨準備としてアメリカ財務省債券（米国債）を大量に保有しているが、これは実物資産に転換されるものと思われる。その結果、現在の一次産品ブームはさらに過熱し、しかもその期間は長期化する。インフレ圧力も生み出される。

ドルが準備通貨として、もはや従来どおりに広く受け取られなくなるのであれば、その政治的な影響も凄まじいものであろう。しかもアメリカにおける不況と、中国・インド・産油諸国経済の好況の継続が同時進行することで、アメリカの相対的な弱体化は、さらに加速することになる。

ひょっとしたら、現行の国際政治秩序が壊れてしまうかもしれない。私たちは新秩序が生まれる前に必ず起こる、大いなる不確実性と大々的な金融資産の破壊の時代を身をもって体験することになりそうである。

堕ちるドル　限界以上に上がり続けるユーロ

もちろん、こうした洞察は、実際的な意思決定に活用するには難しい一般論でしかない。だが、「再帰性」の理論に既知の事実を加えただけで得られる知見は、せいぜいが、このくらいである。これより具体的になると、当たり外れがある「予言」になってしまう。

二〇〇八年に入ってからの金融市場は、どの金融機関も直近の資金繰りにとらわれるあまり、危機の長期的帰結に十分に気をとめようとしないままで来ている。各国の中央銀行は、過去数度にわたって発生した危機の際に、とにかく金融システムに資金を供給するという対処法が効果を上げてきたとあって、今後も必要とあれば同じことをするだろう。現に、各国中央銀行は、従来ならば決して受け取らなかった類の資産を金融機関から担保として受け取り、資金を融通するようになっている。おかげで現在までのところは、危機の最も激烈な局面は回避されているものの、今後はこれまでの金融政策の副産物に苦しめられることになりそうだ。

アメリカでは、投資家も一般市民も、「ＦＲＢやアメリカ政府の金融当局は不況を回避するためには何でもする用意がある」と考えているようだが、これは誤解でしかない。政府もＦＲＢも打てる手はかなり限られている。何をしようにも、一次産品の高騰《こうとう》と弱含みのドルという二つの問題が、アメリカ金融当局の手かせ足かせとなってしまうのだ。

まず、諸外国のドル保有欲が、減退してしまっている。すでにアメリカ国外を流通するドルはあまりに多く、資産をドル以外の通貨に分散させようと、誰もが必死になっている。その結果として、ドルに対する準備通貨の最大の対抗馬というべきユーロの為替相場は、すでに維持不能の高水準まで押し上げられてしまっているのに、まだまだ上昇しそうだ。

中国は人民元切り上げに動く？

一方、中国の人民元の対ドルの切り上げが、対ユーロに比べると、ゆっくりとしか進んでいないために、中国とヨーロッパの間では強烈な貿易摩擦が生じている。巨大な変化は、もはや不可避なようだ。私は、人民元の価値上昇は加速するものだと考える。人民元の先物相場の現在価格に対するプレミアムは、すでに年率にして八パーセントに達しているが、じっさいの価値上昇はそれを上回るものとなるであろう。もっとも、具体的な数字となると、私にも見当がつかない。

中国政府の意図を見抜くことはいつも容易でないが、それでも人民元切り上げを容認すると見るべき理由は、いくつか存在する。

最も重要なのは、このままではアメリカやヨーロッパにおいて貿易保護主義が台頭しかねないという点だ。人民元の為替相場が上昇すれば、中国の巨大な貿易黒字がもたらす欧米の苛立《いらだ》ちもだいぶ緩和されるだろう。また、人民元の切り上げは、中国にとって頭痛のタネとなっているインフレを和らげる効果もあるはずである。中国国内のインフレは、主として輸入される燃料と食料の価格上昇であり、それを抑えるには通貨の切り上げが特効薬なのだ。かつては、農業部門から「強い人民元」に対する反発があった。だが、現に食料価格が上昇している中では、農業部門の声が持つ重みも弱まっていることだろう。つまり、人民元の切り上げには魅力的な利点もあるし、それに対する反対も弱まっている。だが、仮に人民元が上昇すると、そこには新しい問題が生じることになる。

中国にとっての本当の問題は、中国国内では資金調達のコストがすでに実質的なマイナスだということだ。為替の切り上げは、資金調達コストをさらに下げることになる。そうなれば、現在、すでに制御不能に見える中国の資産バブルが、いっそう燃え盛ってしまうことは明らかだ。中国の不動産業界は大ブームに沸いているし、上海証券取引所の株価指数は二〇〇七年の一年間だけで九七パーセント、四年間にわたる弱気市場《ベア・マーケット》が終了して上昇局面に転じた二〇〇五年七月以後の累計では合計四二〇パーセントの上昇を見せている。中国のこのバブルは、まだ初期の段階にあるものだが、将来このバブルが金融危機をもたらすことを避けるのは困難と思われる。この点については、この章のもう少し後のほうでも述べるつもりだ。

「不況の可能性は二パーセント以下」の愚論

人民元切り上げは、アメリカにとっても問題となるだろう。ウォルマートの商品の値段が上昇するのだから当然だ。景気後退局面の中で多少のインフレが起きるのは結構なことかもしれない。だが、ＦＲＢとしてはドルの価値の安定にも気を配らないといけない。

この先、ＦＲＢは、毎月の公開市場委員会（政策の方向性を決定する会議）ごとにＦＦ（短期）金利を〇・二五パーセント程度の、ゆっくりとしたペースで下げ続けるであろう。

短期金利を下げ続けると、最初のうち市場では長期金利もそれに合わせて下がるだろうが、やがて突如として上昇しだすときが来る。それがＦＲＢにとっての景気刺激政策の限界である。いったいいつ、その瞬間が訪れるのかは、やはりはっきりとはわからないが、それほど遠い未来のことではないだろう。

果たして今の金融危機がこのまま大不況に突入するか否かについては、かなりの不確実性が存在する。経済予測のほとんどは、その可能性を二パーセント以下と見積もっている。だが、これは理解に苦しむことだ。住宅価格は少なくとも二〇パーセント下がらないと、家計の所得に対して適正な価格水準に戻らない。ところが、バブルを起こした資産が、バブルが弾けた後で市場に再び吸収され尽くすためには、当然ながら、その価格はバブル以前の通常の水準を下回らないといけない。つまり、住宅価格はこの先一年間で、二〇パーセントを超える下落を見せるか、それとも住宅市場がこの先何年間も過剰在庫に苦しめられるかだということになる。最新の統計を見た限りでは、住宅の在庫は増える一方だ。バブルが通常の水準に戻ったとしても、二〇パーセントを超える住宅価格の下落は、消費にも雇用にも、ひいては経済活動全体にも悪影響を与えずにおかないだろう。

アメリカ経済にとって唯一の好材料は輸出が好調なことぐらいだが、これも世界経済が落ち込むとともに低迷に向かうだろう。消費は驚くほど堅調だが、その根っこにあるのは根拠のない楽観である。住宅所有者の六五パーセントが、今からまた自分の持ち家の価値が少し上昇すると予想しているぐらいなのだ。私のバブルのモデルに従えば、バブル後に経済が上向くには、いったん市場参加者が過度に悲観的になるフェーズを経過しないといけないはずである。

これから姿を現す「不安要素」

現在、われわれが不況の渦中にいるのかは議論の余地がある。だが、二〇〇八年のうちに不況に突入するだろうということは、確証をもって言える。

金融機関の危機的状況も、行くところまで行ったとは、まだ言えない状況だ。二〇〇七年末の決算が出れば、不愉快な驚きが広がることだろう。不況が現実味を帯びてくれば、金融機関への影響はさらに悪化する。しかも、まだ頭をもたげていない、これから姿を現すかもしれない潜在的な問題というものも存在する。

まず、商業用不動産、特にショッピング・モールを基本資産として組み立てられたCDOは暴落する可能性が高い。銀行は財務を改善しようとしてクレジット・デフォルト・スワップを売り買いしたが、スワップで債権を保証されている企業が実際にデフォルトを起こせば、金融機関の赤字は、あっという間に膨らむことになる。結局、隠れた債務がすべて明らかになるまで市場が安心することはないであろう。

主な証券会社は、国富ファンドなどの資金でもって増資をしては財務を改善するという作業を熱心に繰り返しており、これで金融界は救われるかもしれないが、国富ファンドの食指が動かなくなるときは意外に近いかもしれない。国富ファンドの金融株購入も、サブプライム問題の変奏というわけか、事情を知らない人が高リスク商品をつかまされて泣きを見る投資話の一つに終わってしまうかもしれない。

ヨーロッパも、今回の金融危機ではアメリカと同じくらい酷いダメージをこうむるはずだ。自国で深刻な不動産バブルが発生したスペインと、重要な金融センターであるロンドンを擁するイギリスは特に危ない。ヨーロッパの銀行や年金基金は、アメリカの機関投資家以上に大量の怪しげな資産をつかまされており、ユーロとポンドの過大評価は実物経済を痛打するはずである。加えて日本経済も、ぱっとしない。

世界経済の切り札？　新興国経済を分析する

世界経済のＧＤＰの七割を占める先進諸国が、これまで述べてきたような調子だが、世界経済全体としては楽観材料もないわけではない。産油諸国といくつかの発展途上国に、とても好ましい動きがあるからだ。かつては「アメリカがくしゃみをすれば世界が風邪をひく」というのが通例だったが、もはやそういう時代ではなくなったようなのだ。

中国は劇的な構造変容のさ中にある。実質金利がマイナスになったことで生じた資産バブルが、この変容を促進している。国営企業の所有権、経営権は、どんどん民間人の手に移りつつあり、特に経営陣が自社株を大量に持つのが一般的な形となっている。かつての中国では、腕の良い経営者は株や不動産への投機といった副業で儲けたものだが、今では自分たちが経営したり所有したりする会社を、主たる収益の源泉とすることの利点を理解しつつある。

上海証券取引所に上場されている企業の株は、翌年の予想収益の四〇倍という水準で取り引きされており、伝統的な尺度では過大評価されているように見える。だが、経営陣のモチベーションが変わりつつあるので、見た目にとらわれていては騙されるかもしれない。

現在の中国でバブルが育ちつつあるのは間違いのないところだ。だが、このバブルは、まだ比較的初期の段階にある。そして、この中国バブルを育て続けることは、実は中国経済の実力者たちの利益にもかなっている。経済エリートは、自分たちが現在享受《きょうじゅ》しているさまざまな役得を、確固とした所有権に転換して子孫に伝えたいと願っている。経営陣が一刻も早く民営化したいと思っている企業は無数にあり、民営化の進展が何らかの事情で中断されることは是非とも避けたいというのが企業経営陣の本音だ。バブル初期の投資ほど儲かるものはない。

私は二〇〇五年一〇月に中国を訪問した。当時の私は投資家としては第一線を退いていたが、自分の長い金融人生の中で、これほど経済機会に溢《あふ》れた社会というのは見たことがなかった。

中国経済はそれまでの一〇年間というもの、年率一〇パーセント以上の高成長を遂げてきたが、企業の収益の伸びはそれほど高くなかった。そして、新興証券市場にはつきものの〝酩酊《めいてい》状態〟を過ぎた後で、中国の株式市場は四年間というもの低迷していた。そこへもってきて、中国政府が「国営企業の株式のすべてを二四ヵ月以内に上場する」という決定を下したのだ。

人生最大のチャンスである。だが、私は半ば引退したつもりだったし、適当な中国人パートナーを見つけることも出来なかった。私のファンドは多少は中国株に投資したが、十分な金額ではなかった。ちなみに上海株式指数は、その後四〇〇パーセントも上昇している。

中国の成功は、他の発展途上国にも強い影響を与えている。まず、一次産品に対する中国の底なしの需要は、商品市場と貨物輸送のブームをもたらした。世界経済が不況に突入するという見通しにもかかわらず、鉄鉱石の価格は来年も少なくとも三〇パーセントという史上空前の価格上昇を遂げるものと見られるが、鉄鉱石の最大手の輸入国は中国である。中国は製鉄所や鉱山会社を世界中で買い漁《あさ》っている。アフリカ諸国には優遇金利で長期の融資を行い、アジアの多くの国にとってもナンバー・ワンのお得意様になっている（ついでに言えば、中国は温室効果ガスの排出者としても世界最大だが、それは本稿での主題とは関係ないので触れない）。

先進諸国における不況が中国の輸出を鈍化させるのは疑いのないところだ。だが、中国の国内経済にしても、中国の発展途上国からの輸入および、これらの国々への投資にしても、先進諸国の景気後退分を、かなりのところまで補えるのではないだろうか。

いずれにせよ、中国の経済成長率は低落しても、マイナスの実質金利に支えられた中国バブルは、これからも育ち続ける。株価が昨年並みのペースで上がり続けることは、まずないだろう。いや、それどころか、まったく上がらなくなるかもしれない。だが、新株の発行は続くだろうし、株式市場の規模そのものは成長を続けるはずだ。

中国は将来、「アメリカの覇権」に対する挑戦者に

中国経済の構造変容のほうは今以上にはっきりとしてくるだろう。損を出し続ける国営企業はほぼ姿を消し、一方、国営企業から枝分かれした、しっかりした経営の会社が、母体であっ

た国営企業の資産を吸収し、高い株価に相応《ふさわ》しい内容に変貌して――私が「スーパー国営企業」と名づけた存在になって――中国経済を引っ張っていくはずだ。

私は『ソロスの錬金術』の中で、「アメリカ経済の寡占化《かせん》」という一章を設けて、当時のアメリカ企業の合併熱について書いたが、中国でこれから起こる変化は、それよりも、よほど劇的なはずだ。結果はハッピー・エンドかもしれないし、悲劇かもしれないが、完全に姿を現すのは数年後になるはずである。私の見たところ、中国は現在の金融危機とその後に続く不況にもかかわらず大成功を収めて、相当な経済強国となるはずだ。

だが、中国についての長期の見通しとなると、不確実性がぐっと高まってくる。現在も成長中の中国バブルが数年先に弾けて金融危機となる可能性は高い。かなり昔に、私は「中国共産党は中国資本主義の全般的危機によって終わるだろう」と予言しているが、その通りになるかもしれないのだ。だが一方で、中国経済の成熟した資本主義への転換は、金融危機抜きで実現されるかもしれない。

いずれにせよ、中国はジョージ・W・ブッシュが大統領に選出された時点で予想されていたよりもずっと早くアメリカの覇権に対する挑戦者になりそうだ。ブッシュ政権が、アメリカの覇権を二一世紀にも維持拡大することを目標に掲げた「新しい『アメリカの世紀』」プロジェクトの面々に支えられて誕生したことを考えれば、これほどの皮肉はない。躍進著しい中国を、いかにして国際秩序の中に迎え入れるかが、アメリカ次期政権の最大の課題になる。

中国以上に魅力的なインド

インドには、二〇〇六年のクリスマスに訪れた。投資家の目で見ると、インドは中国以上に魅力的だ。なんといっても、法治主義の浸透した民主主義国なのである。インドのほうが中国よりも法制が整っていて、その分投資がしやすいのだ。株価の平均値は、その後の一年と少々で倍増以上の好成績である。

かつてのインド経済は人口増加率とあまり変わりのない年率三・五パーセントで成長していたが、現在の成長率はその倍以上である。それほどの成果を上げたインドの大改革の青写真は、現首相のマンモハン・シンが一〇年前、まだ蔵相だった時代に描いたものだ。

もっともインド経済の体質は、一昼夜にして変わるというわけにはいかなかった。突破口となったのは、アメリカからの情報産業のアウトソーシング（外注化）だった。おかげで、インドのＩＴ産業は目の回るような急成長を実現した。たとえば、昨年一年間だけをとってみても、インドのＩＴ人口の増加分は、全世界のＩＴ産業人口の増分のじつに半分を占めている。しかも、インドのＩＴ人口というのはインドの全雇用の一パーセントでしかないのだ。

ただし、インドのＩＴ産業は、利益率という観点からは、もはやピークを過ぎてしまっている。スキルのあるＩＴ労働者は不足しはじめており、インドの通貨ルピーの上昇のせいで、国内ＩＴ企業の利益率も減り始めている。だが、ＩＴ産業にまず生じた活力は、今やインド経済全体に浸透した。

インド経済でも最も目立ったサクセス・ストーリーは、アンバニ兄弟の物語だろう。兄弟の父はリライアンス・インダストリーズの創業者だったが、二〇〇二年に、この父が亡くなった後で、兄弟はリライアンス社を分割相続して、今では激しく競争しあうようになっている。アンバニ兄弟の企業帝国は、今では石油精製、石油化学、それに海上ガス田の開発といった資源関連から、金融や携帯電話などのサービス産業にまで多岐に広がっている。天然ガス事業が予定どおりにいけば、数年後にインドはエネルギーの自給自足を達成するはずだ。兄のムケシュ・アンバニは、石油とガス事業から生まれたキャッシュフローを使ってリライアンス・リテールを立ち上げているが、これは肥大した流通網を迂回して、食料を直接農家から消費者に届けるというビジネスモデルである。こちらは実現すれば、都市部の食品価格を半減させると言われている。

インドのインフラ整備は中国に比べるとずっと遅れているが、インフラ投資は加速しており、国内貯蓄に加えて、多数の在外インド人を抱える湾岸産油国の豊富なオイルマネーが流れ込んでいる。これだけの好材料が揃っていることから、私は今後もインド経済が良好なパフォーマンスを続けるものと思う。ただし、株価に関しては、ここ数年があまりに良すぎたことから、激しい調整が訪れるだろう。

人口一六〇万人の国に一兆ドルの資源価値

世界経済を支える活力の、もう一つの源泉となると思われるのが、中東産油国のうちの何カ国かだ（私は「有望な産油国」にロシアを含めない。個人的にあの国に投資をしたくないからである）。中東産油諸国は現在凄まじい勢いで外貨準備高を増やしている。二〇〇六年だけで一二二〇億ドル、二〇〇七年には約一一四〇億ドルを積み増した結果、今や累積額で五四五〇億ドルにも達している（数字は「ＩＭＦ　世界経済金融概観」二〇〇七年一〇月刊より。ここで言う中東産油国とは、バーレーン、イラン、イラク、クウェート、リビア、オマーン、カタール、サウジアラビア、アラブ首長国連邦を指す。なお、サウジアラビアの総準備高には外国証券への投資も含まれているが、これは外貨準備として報告される金額からは除外されている）。

これらの国々は、ドル建ての債券以外へと投資対象を分散させることに熱心である。また、ほとんどの国が国富ファンドを立ち上げており、それらファンドの資産も急伸している。湾岸諸国の発展戦略は豊富なエネルギー資源を中心に据えたもので、石油精製所や石油化学工場、それにエネルギー集約的なアルミ精錬所などを次々と建設している。急速な重化学工業の発展は労働力と設備の不足がなければ、さらに加速するだろう。豊富なエネルギー資源を掌中《しょうちゅう》にしているという競争上の優位点のおかげで、中東産油諸国はこれらの産業において国際的な支配力を持つようになるものと思われる。

アラブ首長国連邦の都市国家であるドバイは、すでにグローバルな金融センターとなりうる国際色豊かなメトロポリスを築きつつあるが、今度は首都アブダビも巨大都市を築きはじめた。埋蔵地下資源の価値が一兆ドルにものぼり、人口がわずか一六〇万人（その八割は外国人）である同国だからこそ、そのような芸当も可能なのである。

これらの国々では、急激な経済開発のせいでインフレ圧力が高まっており、自国通貨のドルとの連動制《ペッグ》（特定の通貨と自国通貨の為替レートを一定に保つ制度。ドル連動の場合、ドルに対しての為替レートは安定するが、半面、自国経済の状況とは無関係にアメリカの金利政策に左右されることになる）を廃止するのが合理的な選択となりつつある。現にクウェートは、すでにそうしている。だが、他の国々、特にサウジアラビアはアメリカ政府からの強い圧力を受けて、クウェートに追随《ついずい》することを今のところは思いとどまっている。

産油諸国におけるドル連動制と国内インフレの組み合わせは、これらの国々における実質金利をマイナスにしてしまった。湾岸諸国の株式市場は、創設直後の熱狂的好況に続いた株価崩壊から回復しており、マイナスの実質金利がもたらす株高に釣られて世界中から資金が集まっている。ちょうど中国と同じことだ。これがドル連動制の逆説的な効果なわけだが、クウェート以外の湾岸諸国は、中国のように少しずつ自国通貨をドルに対して切り上げるということは今のところ行っていない。

世界を席捲する中東発「国富ファンド」

イラン情勢が政治的なリスクになっているといった特殊な事情はあるにしても、私はこれら湾岸産油国の成長のダイナミックスは、世界経済の低迷に打ち勝つだけの地力を備えているように感じている。また、アメリカでのさらなる利下げは、これらの国々がいよいよドル連動制を放棄する圧力を強めることだろう。

言うまでもなく、現在国富ファンドは、国際金融システムの中で重要なプレイヤーとなりつつある。現在、国富ファンドをすべて合わせると、その資産は約二・五兆ドルになると見られ、しかも現在も成長を続けている。国富ファンドは、これまでのところ総額で二八六億ドルをサブプライム危機で傷ついた金融機関の株式買収に投じている。中国はアフリカ投資向けとして五〇億ドルの枠を作った。

国富ファンドは、一九八七年の株価暴落の後で日本が果たしたのと似たような「最後の貸し手」「最後の投資家」の役割を果たすものと思われる。ただし、国富ファンドは日本の金融機関よりも多様であり、その進む方向も多様性豊かだろう。現在進行中の金融危機のおかげで、国富ファンドの進出は、おそらく平時よりも西側先進諸国に歓迎されている。国富ファンドは今後、アメリカ経済にとって重要なステークホルダーとして浮上してくるだろう。

ただし、アメリカ側が今後保護主義的な方向に舵《かじ》を切れば、国富ファンドと言えど、どうなるかはわからない。中国の国営石油会社ＣＮＯＯＣ（中国海洋石油）がアメリカの石油メジャー、ユノカルを買収しようとした際に、アメリカ側の激しい政治的抵抗に遭遇して結局買収を諦《あきら》めなくてはならなかったことは、国富ファンドを運営する政府にとっても記憶に生々しいであろう。ドバイの企業であるＤＰワールド社がアメリカの港湾運営会社に投資しようとしたときに起こったアメリカ側の政治的反発も忘れてはいないはずだ。

こうした事情から、国富ファンドは発展途上国に投資するほうを好むと思われる。その場合、投資の制約となるのは途上国の限られた投資吸収力だが、いずれにせよ、国富ファンドの投資により、発展途上国の良好な経済パフォーマンスは、さらに強化されることになるはずだ。

世界的な景気後退がどの程度の世界不況へと悪化するかは、今のところは、はっきりしていない。とはいえ、先進諸国よりも発展途上諸国のほうが高い成長を示すであろうことは、ある程度の確信をもって予想することが可能である。だが、そうなれば最終的には一次産品の供給力過剰となるわけだが――。

「新興国の株の値上がり」と「先進国株の値下がり」に賭けるという私の投資戦略は、二〇〇七年には大いに成果を上げている。同じことは二〇〇八年にも引き続きあてはまると思われるが、ポートフォリオの構成は途上国市場の買い持ちポジションを先進国市場の売り持ちポジションよりも大きくするという方向にシフトするのがよいだろう。

もっとも、今では私のファンドは純粋なヘッジファンドではなく、より防衛的な基金へとその性質を変えており、その経営に対する私の関与の度合いも限られているため『ソロスの錬金術』で行ったように、投資ポジションについて詳細に書くことは、あまり適切でないように思う。ただ、二〇〇八年の私のポジションは、アメリカ株、ヨーロッパ株、アメリカ一〇年もの国債、アメリカ・ドルは売り持ち、一方、中国、インド、湾岸諸国株とドル以外の通貨は買い持ち、というように簡単に要約することが可能である。

二〇〇八年一月六日――三日で三パーセントの資産増大

右の文章を書いてから五日が経過したが、今のところ私の予想は、思ったよりも的中している。売り持ちポジションも買い持ちポジションも通貨投機も、私のファンドの投資はすべて利益を上げているのだ。アメリカの一〇年もの国債に対する売り持ちポジションだけが、うまくいかずにいるが、債券価格と株価とは逆向きに動くのが普通だから、これは予想されてしかるべきだった。

アメリカの国債も売り持ちにするというのは、時期尚早だという気もしていたのだが、それでもドルが減価しつつある中で、いずれはこの判断も正しかったことになるだろう。何より、国債の売り持ちポジションを加えることで、ポートフォリオの変動幅が減るのだ。ただ、慈善基金の資産防衛という目的から逸れないように、どれか一つの方向に賭けるような投資は全資本の半分以下と決めてある。もう私のファンドは厳密にはヘッジファンドではないのだ。それでも、たった三日間で三パーセント、ファンドの資産は増大した。

私は、売り持ち状態をいつ解消するかを考え始めている。今がそのタイミングでないことは確かだ。市場は、不況がこれから訪れるということを、今になってはじめて認識し始めているのである。今年は確実に二〇〇七年の底を下回るだろう。次の半年間に関していえば、予想以上に悪い数字が出てくるはずだ。ブッシュ政権では、状況を大きく改善する政策を打ち出すことは不可能だろう。ただし、六ヵ月も経たないうちに、市場が底を打つ可能性もまったくないわけではない。私は底を見極めるのが、あまり得意ではないのだ。

二〇〇八年三月一〇日――利益はほとんど帳消しに

約二ヵ月が経過した。二〇〇八年の市況についての見通しは、大雑把なところでは正しかったようだ。だが、ファンドの成績と、市況の展開の両方に重大な影響を与えるような、私の予測からの逸脱が、いくつか発生している。

●金融市場の混乱は、私が予想したよりも、ずっとひどかった。私がその存在すら知らなかった市場、たとえばオークションで利率を決める地方債（auction rated municipal bond）市場などが崩壊してしまったのだ。金利のスプレッドは拡大を続け、損失は積み上がり続けた。銀行も証券会社も取引に必要な証拠金を引き上げたし、ヘッジファンドの中には借入金を返さなくてはならないところも出てきた。いくつかのヘッジファンドは清算されてしまった。だが、これで膿《うみ》が出尽くしたわけではない。損失計上は二〇〇八年の第一・四半期にピークを迎えるだろう。その後にも、さらに損失が発生するだろうが、その規模はだいぶ控えめになるものと思われる。

●商品市況は、私が予想していたよりも活発である。鉄鉱石は三〇ドルが天井だと読んでいたが、すでに六〇ドルに達している。金にいたっては、オンス一〇〇〇ドルに近づいている。

●ＦＲＢは私の予想以上に大胆に動いた。一月二二日の緊急理事会では、〇・七五パーセントという、いまだかつてないほど急な利下げを行った上に、一月三〇日の定例理事会で、さらに半パーセント利下げしている。

●だが、右の劇的な政策決定にもかかわらず、住宅ローン金利が下がることはなかった。ただし、その理由は私が予想していたのとは違ったものである。私は利回り曲線が急峻《きゅうしゅん》になることが原因で住宅ローン金利が上がると思っていたのだが、実際には金利スプレッドの広がりが原因となった。一〇年もののアメリカ国債の利回りは急落し、私のファンドにとっては大きな損失となった。

●インドの株価は大きく下落した。インド株の買い持ちを減らす暇がなかったため、私のファンドはアッパーカットを食らったのも同然の状態である。インドほどひどくないが、中国株も下げ、そのせいで「マクロ」口座の利益は、ほとんど帳消しになってしまった。結局、ファンドの資産は年頭とあまり変わらない水準に戻っている。

その後、私のファンドは米ドル、欧米の株価インデックスおよび金融株の売り持ちポジションを増やし、国公債の売り持ちポジションをわずかに減らした。その結果として、直近の市況に対応する準備が出来たように思う。一月に起こった株価暴落の再現が訪れるだろうが、ただし今度は金融株が新たな底をつけるだけで、株価水準全体としては一月ほど下がらないという読みである。結果として、一時的に買い注文が殺到して株価は持ち直すかもしれないが、続く数ヵ月で一月の水準を下回るところまでの下落が来るものと思われる。

最近、私のファンドに新しい投資主任（ＣＩＯ）が加わった。おかげで、私自身は市場から距離を置くことが出来るようになる。おそらく、次の下げで金融株売り持ちポジションをいくつか解消して、ドル安が追い風となるような企業の株を買い持ちにし、株価が持ち直したときに新たに売り持ちポジションを設定すればよいだろう。新しい投資主任は債券市場のエキスパートだが、彼は現在、高格付けの住宅ローン債権のインデックス投資を進めており、この先は長期国債の売り持ちポジションを増やしていく予定である。

二〇〇八年三月一八日——利益を出さなくては

なんとも劇的な一週間だった。ヘッジファンドの借入金返済は続き、強制的に清算されてしまったものもいくつかあった。おかげで株価には下降圧力が、金利スプレッドには上昇圧力ががかかってしまった。ドルは一ユーロ一・五五ドル、一ドル一〇〇円以下という新たな低水準にまで下げた。通貨市場にかかる圧力は強まっている。人民元と湾岸諸国の通貨のドル・ペッグは限界に来ているようだ。

木曜日（一三日）にはベア・スターンズがもはやカウンターパーティー（外国為替取引を行う相手としての銀行）でいられるだけの体力がないのではないかという疑念が広がり、金曜日（一四日）にはFRBがJ・P・モルガン社を仲介役とし、ベア社に資金を融通するという形で救済に乗り出した。私たちのファンドはドルの売り持ちポジションを増やし続けたが、株価の下落と国公債価格の上昇に対しては、徐々に逆張りを解消しはじめた。

また、週末にはＦＲＢがベア社を競売にかけると予想して、同社の株を少し買い、同時にこの会社のクレジット・デフォルト・スワップを売却した。これは短期の賭けで、月曜日には結果が出ているはずだ。

年頭から今日までのファンドの成績は、行き詰まりとでも言おうか。ファンド全体は辛うじて浮上といった有様だ。私の直裁の「マクロ」口座だけが黒字で、他はすべて損を出している。唯一の慰めは、ファンドの変動幅が市場全体のそれよりも小さいということである。利益を出さなくては。

二〇〇八年三月二〇日——正真正銘の異常事態

今週もめまぐるしかった。ベア・スターンズ社は競売にかけられるかわりに、一株二ドルで強制的にＪ・Ｐ・モルガンに吸収されてしまった。私たちは、半分だけ正しかったことになる。ベア社のクレジット・デフォルト・スワップでは儲けたが、ベア株では損を出したのだ。ばかばかしい。

ベア社の株主たちは悲鳴を上げているが、彼らがどれだけ声を張り上げようと、何も変わりはしないだろう。私たちは、ベア社が金融行政を仕切る「金融エスタブリッシュメント」たちに嫌われていることを失念していた。ＦＲＢは、嫌われ者のベア社の株主たちを罰することで、ついでに積もり上がったモラル・ハザードが少しは解消できれば好都合だ、くらいに考えているのだろう。

市場は、FRBの決断にショックを受けたようで、月曜日（一七日）は売り一色となった。この機に私たちは金融株の売り持ちポジションの手持ち分をまとめて解消し、火曜日の朝には株に関しては売り持ち・買い持ちがほぼ同額になった。

月曜にはまた、リーマン・ブラザーズが売りを浴びせられていたが、リーマン社なら、これくらいは乗り切れるだろうと判断して、私たちは買いに回った。この読みは正しかった。FRBが金利をさらに〇・七五パーセント切り下げると、株価は今年に入ってから最大の上昇を見せたのである。

この株価回復が数週間続き、今度こそ活発に売買が行われる機会になると思われた。ところが、これまでの市場の動きの鉄則を覆《くつがえ》す形で、水曜日（一九日）には再び株価が下がりはじめた。人は、バブル期には通常のルールが通用しなくなると思いがちだが、実は通常のルールというのは、バブルの最中でもたいがいの場合、通用するものである。今回は、正真正銘の異常事態だ。今回の危機が前代未聞のものであるという私の仮説が早くも裏付けられた形である。

しかも、木曜日（二〇日）にはさらなる大事件が勃発する。どういうわけか、ドルが急上昇したのだ。おかげで、「マクロ」口座も少し損を出してしまった。私のファンドは全体として、年頭から見て赤字となっている。

ドルが上がったのは、テクニカル投資を行う金融機関と、損失が大きすぎて撤退せざるをえない投資家・金融機関の双方によって、売り持ちポジションが大量に解消されたせいだろう。私は自分の売り持ちポジションは維持するつもりだが、もうしばらく損を出し続ける心の準備は出来ている。レバレッジが低いことの利点は、少々の損ならば受け止められるということにあるのだ。

さて、そろそろ原稿を出版社に渡さなくてはならないので、この「実況中継」の試みは、そろそろお終いにすることにしよう。私の「マクロ」口座だけでなく、ファンド全体として利益を出したところで結びとしたかったが、実はこの結果のほうが本書の目的には適《かな》っているのかもしれない。

私たちは、ファンドが借入金の返済を迫られ、金融資産が無惨に破壊される時代に生きているのである。利益を上げるのが容易なはずがないではないか。

二〇〇八年三月二三日

次章の、本書の結論のくだりを執筆しているうちに、二〇〇八年の末までに何が起きるかについて、きわめて優れた予測レポートを入手した。ここからの投資判断については、ほぼ、その予測レポートに従うことになると思う。以下に、その予測レポートの最も重要だと私が感じたくだりを引用することで、「実況中継」の章の結びとしたい。

〈やがて、アメリカ政府は税金を投入して住宅価格の下落を食い止めなくてはならなくなるだろう。その決断が下されるまで、住宅価格の下落は加速度的に進行し、担保割れ住宅からは持ち主が逃げ去り、破綻する金融機関の数がどんどん増え、ドル離れの動きも不況も悪化するはずである。

ブッシュ政権も、多くのエコノミストたちも、市場の動きには、上向きのみならず下向きにも正のフィードバックが働くということがわかっていない。彼らは住宅価格が自然と底を打つのを待っているが、そのときは彼らが思っているのよりもずっと遠いはずである〉

図12：S&P社/ケース＝シラー住宅価格指数
（全米20都市の数字を合成した指数 前年比 08年1月まで）

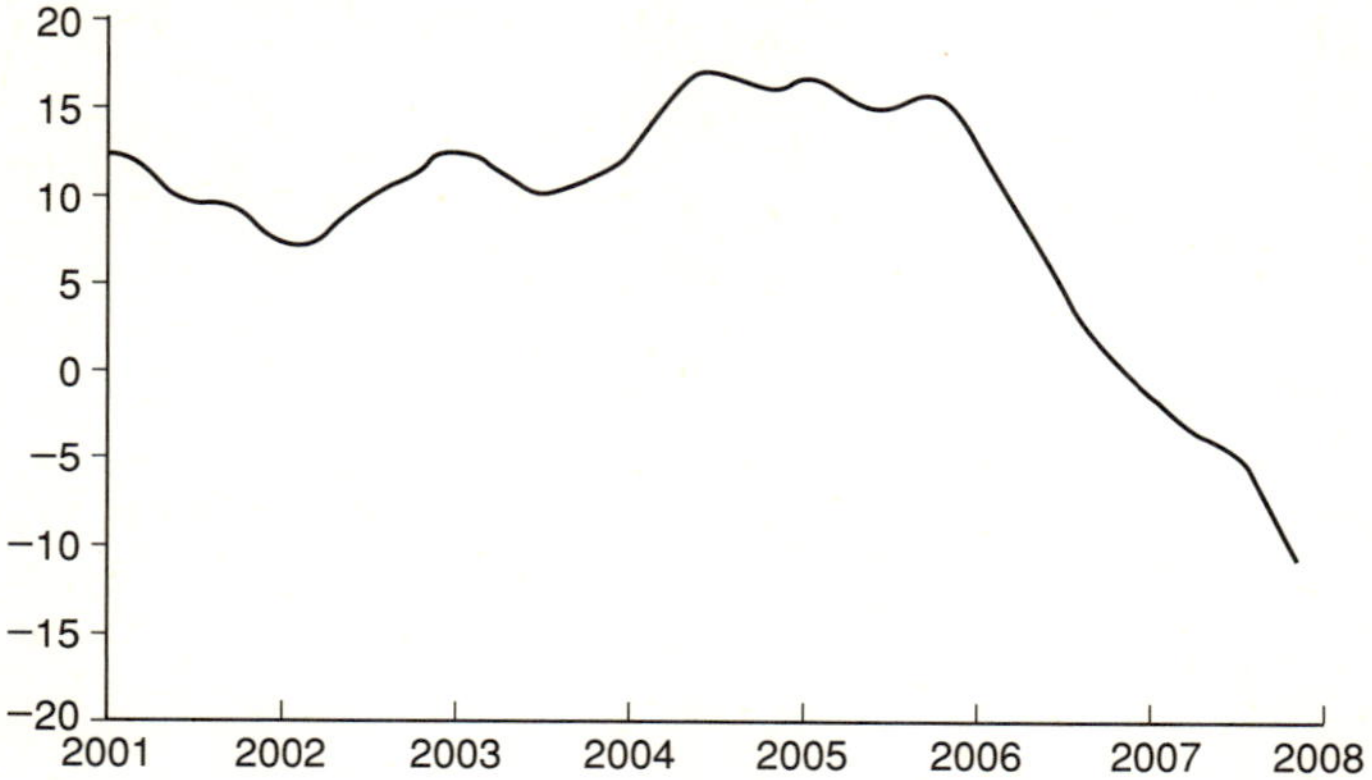

出典：スタンダード&プアーズ社/ケース＝シラー住宅価格指数。2008年3月25日刊

第二部　分析と提言

第八章

政策提言

実は、今の時点で確固とした政策提言を行うことについて、私には若干《じゃっかん》のためらいがある。時期尚早だと思われる理由が、いくつかあるためだ。

第一に、あるべき政策について真面目に考察するには、私はあまりにも深く市場に関与している。現在、私は市場で展開中のドラマを一日一日食い入るように見つめている。それほどに波乱万丈の展開であり、しかも私はきわめて多額の資金を市場に投じてもいる。冷静に観察するために必要な心理的距離を、市場との間に取りにくいのである。

第二に、現在のブッシュ政権に多くを望んでも意味がないという問題だ。何かしら意味のある新イニシアティヴが行われるには、次の大統領が就任するのを待たなくてはならない。難局を打開し、アメリカを新しい方向に導くことができるのは民主党の大統領だけだと私は思う。

第三に、事態はきわめて深刻であり、新しい政策をとるにしても、それに先立って徹底した議論が必要になる。これらの三つの理由から、私は確固とした結論ではなしに、そのような議論の材料として、現在の自分の考えを述べたいと思う。

規制は必要だが、「規制だらけ」に戻ってはいけない

まず、現在の危機について明らかなのは、手綱《たづな》を解かれ、タガがはずれたままの金融業界が経済を大混乱に陥れているという事実だ。したがって危機から脱出するには、まず金融業界に

対する政府の監督と規制を再度強化しなければならないだろう。何と言っても、金融業界の仕事である信用創造は本質的に「再帰的」な過程であり、規制なしでは、すぐに行き過ぎてしまうものなのである。

ただし、金融規制を強化しようにも、規制する側には生身の人間としての弱さだけでなく、政府機関につきものの〝官僚制〟の病理をも抱えているということは、常に肝に銘じておかなくてはならない。そして今までとは逆に、金融市場を規制でがんじがらめにすれば、今度は経済活動が停滞してしまう。第二次大戦直後のような金融システムに戻ろうとするのは、大きな間違いだ。

経済活動のための資金が容易に手に入ることは、生産性を向上させるだけでなく、柔軟性や技術革新をも促すのである。市場原理主義がもたらした危機に懲りて、今度は逆に信用創造に拘束衣《こうそくい》を着せるような真似をしてはならない。市場は官僚機構よりもはるかに柔軟に、不確実性だらけの世界にも適応することが出来るのである。

同時に、市場が環境の変化に適応するだけでなく、積極的に未来を形作っていくものでもあるという認識は大切だ。市場は不安定で不確実な状況の中でこそ活況を呈するが、経済の不安定性も不確実性も市場が生み出すものでもある。この事実は、マクロ経済政策について議論する際に、よく考慮に入れるべきである。

市場は、経済の安定を維持できる範囲で最大限の自由度を与えられなくてはならない。

現在の金融危機の原因は、当局がきちんと仕事を行ってこなかったことにも求められる。すでに見てきたように、新たに生み出された金融商品や金融手法の中には、誤った前提にもとづいて組み立てられていたものも少なくなかった。もはや使い物にならないことが明らかとなった、それらの金融商品・手法は廃止されなくてはならない。

だが、その一方では、リスクをヘッジしたり分散したりするうえで、実際に役に立つ金融商品・手法というものも当然ながら存在する。こちらはきちんと残さなければならない。

それには、当局が新しい金融商品・手法をしっかり理解・把握することが必要だ。自分たちが理解出来ないような商品や制度は許可するべきではないのである。特に金融機関のリスク管理を、個々の金融機関に丸ごとまかせるという考え方は間違っている。

金融業界と金融当局の関係を正常に戻せ

金融界全体の存亡に関わる、金融機関の連鎖破綻のような事態は常に起こりうるし、もし起これば金融当局が事態を掌握しなければならない。そして、そのためには当局は十分な情報を必要とするのである。ヘッジファンドや国富ファンドなど、ろくろく規制されていない金融機関も含め、すべての市場参加者は当局に、そうすることが、どれほど高くつき面倒臭かろうとも、きちんと情報を提出するべきである。情報提出のコストは、金融市場が実際にメルトダウンを起こしたときのコストに比べれば何ほどのものでもないのだ。

モラル・ハザードは微妙な問題を孕んでいるが、それでも解決可能である。それにはまず、金融システムそのものが危機に瀕しているときには、当局としては救済しないわけにはいかないということを、認めなくてはならない。一方、信用創造に関与している金融機関は、好き嫌いは別として、自分たちが常に当局に守られている存在だという事実を受け入れなくてはならない。そして、守られている以上、その代価もきちんと支払わなくてはならないという事実も。

規制当局は今以上に市場の監視を強め、経済の拡張期においては規制の手を強めなくてはならない。金融業界の側は、当然、そうした規制を好まないだろうし、それを止めさせようと政治的なロビイング活動も行うだろう。だが、信用創造という経済活動は、どうしても規制を必要とするのである。金融危機が発生して金融機関を救済する必要が生じた場合は、規制者責任が問われてしかるべきだ。実際、この数年というもの、金融業界の乱脈ぶりは手に負えなくなった。金融業界は行きすぎた高利潤と膨張を許されてしまったのだ。

現在の危機から汲み取るべき教訓のうちで最も重要なのは、「金融当局はマネーサプライのみならず、信用創造にも気を配らなければならない」というものだ。マネタリズムは、誤った教義である。マネーと信用は一緒に変化するわけではない。金融当局は賃金インフレだけでなしに、資産バブルも避けようと努力すべきなのである。

資産価値は、資金の入手可能性と貸し手の意欲という二つの変数によって決まってくる。金融当局としては、マネーサプライとともに信用状況も監視し、政策決定の際に考慮に入れるようにしなくてはならない。こうした提案に対しては恐らく、「資産価値の制御《せいぎょ》まで要求することは、金融当局にとって過大な負担となる」という反対意見が出ることだろう。

だが、そのような反論は金融当局の仕事を理解していない。実際には、金融当局の仕事は、ありとあらゆる操作機能を駆使して市場の期待を管理するという困難なゲームであり、規則の機械的な適用よりは、よほど複雑なものなのだ。金融当局の仕事は一種の芸術であり、科学的アルゴリズムに還元出来ないものなのである。その意味では、グリーンスパンは操作機能の達人だった。アメリカ経済にとっても世界経済にとっても不幸だったのは、グリーンスパンが市場原理主義者だったために、彼の技術が誤った方向に使われてしまったことである。

CDSの清算機関ないし交換所を検討せよ

住宅バブルも、超バブルも、レバレッジ（借入金）の濫用が大きな特徴である。その過剰なレバレッジを支えていたのが洗練されたリスク管理モデルだ。これらのモデルは既知のリスクは計算できたが、「再帰性」につきものの不確実性はほとんど無視していた。

したがって、金融当局としては、何にも増して、レバレッジの行使を規制しなくてはならない。かつてはそうしていたし、証券取引には今でも証拠金が必要である（ただし、証拠金の要件については、今ではあまりに多くの抜け穴があるために、おおむね意味をなくしてしまっている）。

住宅ローン抵当証券などの合成金融商品は一度として規制の対象とならなかったが、これはそれらの商品が金融原理主義時代に開発されたものだからである。レバレッジを規制することは金融業界の規模も利潤率も押さえ込むことになるだろう。だが、公益の要請の前には、それもやむをえない。

金融危機を緩和することのできる具体的な措置として提唱したいのが、クレジット・デフォルト・スワップ（ＣＤＳ）の清算機関もしくは交換所の設立である。ＣＤＳの契約残高は四二・六兆ドルという巨額に達しており、現在の持ち主の大半は、契約した相手方が十分に守られているかを知らずにいるのだ。もしもＣＤＳのデフォルトが起これば、その時には自分の義務を履行できない相手が少なからず出てくるだろう。この問題が顕在化するのは、時間の問題でしかない。

ＦＲＢがベア・スターンズ社を破綻させなかったのも、この事実が考慮されていたものと思われる。健全な資本構造を備え、証拠金なしでは証券取引が出来ないという要件が厳格に適用されるＣＤＳ清算機関・交換所を設立し、そこに今後、すべてのＣＤＳを集め、これに政府の保証をつけてデフォルトを防ぐ。この仕組みがもたらす便益は広範なものである。

真のサブプライム地獄は二年後に訪れる

では、住宅バブルの崩壊がもたらした混乱については、どのような手を打つべきだろうか？通常の金融緩和や財政出動による景気刺激も効果はあるだろうが、すでに述べた理由から、それだけでは不足だと思われる。住宅価格の大幅な下落を抑えこみ、住宅購入者がこうむる苦痛を緩和するには、単なる景気対策以上のものが必要なのである。

住宅価格の維持と住宅購入者の救済を同時に達成するには、住宅購入者が住宅を手放さなくてもよいようにすることが最良の対策であることは、言うを待たない。サブプライム住宅ローン抵当証券を購入した者も、住宅が担保割れしてしまった者も、住宅バブルの犠牲者として何らかの救済の対象とするべきだ。

だが救済策は一筋縄ではいかない。というのも、住宅ローン債権の資産価値は競売という形での強制執行が可能であることが根拠になっているからである。他の多くの国では、ローンの借り手の返済義務は問答無用だが、アメリカでは借り手が住宅ローンの債務不履行を行った場合、貸し手が行使可能なのは借り手の住宅を差し押さえて競売にかけることだけなのだ。

ところが競売が大量に実施されれば、住宅価格はさらに下がり、もともと住宅バブルの崩壊がもとで引き起こされた不況は、さらに悪化するだろう。また、競売は関係者の全員にとって高くつくものであり、マイナスの副作用も多い。なにかいい方法はないだろうか。

この件については、私はかなり細かく分析しており、ソロス財団にも研究させてきた。その結果、明らかになった事実は次のとおりである。

現在、サブプライム住宅ローンの借り手は七〇〇万人ほど存在するが、そのうちの約四割が今後二年で債務不履行状態に陥ると予測される。最初の猶予期間が終了して、金利がより高いものへとリセットされるタイプの住宅ローンの債務不履行も、数から言えば同じ程度になると思われるが、ただしこちらの問題が表面化するには、もう少し時間がかかる。いずれにせよ、どちらの種類のローンの大量債務不履行も、住宅価格に対して下方圧力をかけ続ける結果にならざるをえない。政府の介入がなければ住宅価格は長期トレンドを下回るところまで下落することになる。

住宅危機がもたらす苦痛は、とんでもない規模になるはずだ。たとえば住宅ローン会社の中でも最も評判の悪いいくつかの商品は、高齢者を標的にして売りさばかれた可能性が高く、このため高齢者の住宅ローン債務不履行率はずば抜けて高い。放っておけば、やっと家を手に入れたと思った高齢者が、いきなり路上に放り出されてしまうのである。

また、黒人やヒスパニックなども、悪質なローン会社の標的にされたようだ。アメリカの一般市民にとっては、持ち家こそが富と機会を増やすための中核資産であることを考えれば、社会的上昇を心がける黒人やヒスパニックの中産階級が受ける打撃は深刻なものとならざるをえない。彼らはブッシュ政権が掲げた「所有者社会《オーナーシップ》」構想を真に受けて、大事な資産を持ち家に一点張りしてしまったのだ。

こうした事態の一例が、メリーランド州プリンス・ジョージ郡である。黒人が人口の大多数を占める郡としては全米有数の富裕さを誇っているが、同州で住宅競売件数が最も多いのも同郡なのだ。同州のデータを見ると、黒人の住宅所有者の五四パーセントがサブプライム住宅ローンの借り手となっている。ちなみに、同州のヒスパニック系の住宅所有者の四七パーセント、白人住宅所有者の一八パーセントが、やはりサブプライム住宅ローンの借り手だ。

ある家が競売にかけられると、近隣の家の市場価値も下落する。また、市場価値がローン残債を下回ることになった家の場合は、持ち主が逃げ出すことが多く、空き家になり、結局競売にかけられることになる。競売の連鎖反応が起こるのだ。こうして一つの地区で何軒もの住宅が競売にかけられれば、地区社会全体が荒廃してしまい、しかも雇用や教育、保健、そして児童福祉など、さまざまな関連領域にまで悪影響が出ることになる。

つまり、住宅競売を防ぐことこそ、マクロ政策以外で政策対応の中心に据えられるべきなのだ。ブッシュ政権が現在までに実施した対策は、救済を受けられる条件があまりに厳しく、誰も救済されないというのが実情である。ブッシュ政権のＰＲの域を出るものではないのだ。

今、最も必要なのは、住宅ローンの借り手全体に関わるようなマクロの救済策と、より個々の借り手の不安を取り去るような個別的・ミクロ的な救済策を組み合わせることだ。

住宅ローン破綻者を救う妙手

マクロ政策に関しては、民主党のバーニー・フランク下院議員が賞賛に値する政策立法を行おうとしている。もっとも、議会で超党派的な支持を得るための彼の努力は不足しているようだ。ともあれ、フランク議員の政策案は、彼が主張するとおりの順番に実施されれば、業者が競売を強制執行する権利を守りつつも、権利行使を思い留まらせることにもつながるという、最適のバランスを織り込んだものである。

フランク案は、まず破産法を改正して、デフォルト状態に陥った住宅ローンが本宅を抵当としている場合は、破産手続きを担当する判事がローンの条件を適正と思われる数値に書き換えられることにする。こうすれば、ローンの条件を判事によって変更されることを嫌う債権者側が、自発的に条件を書き換えていくだろうという計算である。

共和党側の反対意見は、これは債権者の権利を侵害するものであり、将来の住宅ローンの貸し出し条件をもっと厳しいものにするだろうというものだ。だが、フランク案は二〇〇五年一月から二〇〇七年六月の間に成約した住宅ローンだけに適用される制度だ。しかも、現在の破産法は判事によるローンの融資条件の変更を別宅に関しては認めているが、その後、別宅を対象とする住宅ローンの融資条件が変わったという事実は観察されていない。

フランク案の第二部は、サブプライム住宅ローンの債務者がもっと返済条件の寛大なローンへと借り換えることを容易にするような債務保証を行う権限を連邦住宅局に付与するというものだ。債権者は、連邦住宅局の保証つきの住宅ローンに対する返済金を、住宅の現在価値の八五パーセントという上限つきで受け取れることになる。保証の裏づけとして、連邦住宅局は住宅の第二順位の先取特権《さきどりとつけん》を手に入れる。

ローンの借り手が住宅を売却するか、ローンを借り換えるかして利益が生じた場合には、

（1）連邦住宅局保証ローンの額の三パーセント

（2）利益に対する一定割合（ただし、ローン返済開始からの経過年数によって、割合は減っていく。一年目には一〇〇パーセントを、二年目には八〇パーセントを、そして五年目であれば零パーセントを、といった具合に）

の、いずれか高いほうをローン解約料として支払うというものである。

フランク案の長所は、これが強制ではなく選択制だという点にある。住宅ローンの債権者がデフォルトを行った債務者に対して強制執行を行う権利を損なわないのだ。

一方、フランク案の欠点は、問題が生じた住宅ローンのうち、ごく一部にしか適用されないという点だ。ローンの借り手の月収が、月々のローン返済額に対して、少なくとも二・五倍以上なければいけないのだ。と同時に、債権の保有者にとっては、住宅の市場価値の八五パーセントが受け取れる金額の上限になってしまう。しかも将来、住宅価格が上昇した場合の利益

は、いっさい放棄しなければならない。

これらの欠点のために、フランク議員の連邦住宅局に関する提案は、仮にブッシュ大統領の任期中に議会を通過したとしても、住宅危機の解消にはあまり役立たない。意味のある改革であるためには、救済の対象をさらに拡大する必要があろう。一方、破産手続きの変更については原型のままでも効果があるが、ブッシュ政権の反対に遭っている。

事態を複雑にしてしまった「証券化」

住宅ローン業界によれば、サブプライム住宅ローン案件の融資条件を、銀行やローン会社などのローン融資の実施機関が変更することには、法律上も、現実的にも、いくつかの問題があるということだ。実施機関は、住宅ローン債権を証券化したことによって個々のローン案件を特定することが、はなはだ困難になっており、さらには「債権プール・利払い合意事項」という取り決めによって貸付条件を変更する余地は限られていると主張する。

だが、より大きな障碍は「証券間戦争」だ。たとえ一つのローン案件であっても、元本に対する請求権と金利に対する請求権に分割されて、それぞれが別の証券にまとめられている事例がままある。そのような場合、元本を受け取る証券の保有者と金利を受け取る保有者との間に利害の対立が生じるのである。銀行や住宅ローン会社といった貸付機関が融資条件を変更することに抵抗するのは、証券の種類によって損害に多寡《たか》が出る一方で、貸付機関は同時にすべての種類の証券に対して責任を負うからである。

もっとも、現在では「債権プール・利払い合意事項」は、従来考えられていた以上に柔軟性があるものだというコンセンサスが育ちつつある。ムーディーズの調査では、証券化にともなう様々な問題があったにもかかわらず、住宅ローンの融資条件の変更件数は上昇中だというのだ。

ただし、それでも条件を変更することが出来た住宅ローンは、二〇〇七年に金利がリセットされて上昇する予定のローン案件の三・五パーセントにしかならない。政府や政策当局は、ローン融資条件変更の便益を定量化して貸し手を説得し、彼らに不良債権問題を解決するように圧力をかけ続けるべきだ。

だが、残念なことに、右に述べたような改革をどれほど徹底して行おうとも、自分の持ち家を手放さざるをえないサブプライム債務者は、これから大量に発生するだろう。

ソロス財団が行っている支援策

今後、地方自治体は、持ち家世帯のうち、相当な部分が家を失うという可能性を直視しなくてはならない。さらに言えば、最も悪質なタイプのローン貸し付けが、もともと経済的に逼迫《ひっぱく》している黒人やヒスパニックが住む地域で行われたものである以上、地方自治体は、不良債権化した膨大な数の住宅が、よりにもよって貧困地域に放出されるという恐ろしい現実に直面することになる。やはりここでも解決策は、それらの放出住宅が空き家になったり不在地主の持ち物になったりする可能性を少しでも減らし、きちんと手入れをする、責任ある居住者に速やかに売却することだろう。

地方自治体の支援は、民間の慈善団体にとって大きな活躍の場となることだろう。そして、連邦政府や州政府が慈善資金を補填することで、支援活動は威力を何倍にも増大させることになる。ソロス財団もニューヨーク市とメリーランド州で地元発のイニシアティヴのスポンサーとなっている。

ニューヨーク市では、ソロス財団は市当局、民間慈善団体、それに金融業界の資金援助を受けて「センター・フォー・ニューヨークシティ・ネイバーフッズ（ニューヨーク市内地区支援センター）」を立ち上げた。このセンターは、住宅競売を予防するためにカウンセリング、専門家への委託、ローン借り換えの仲介、啓蒙活動などの支援運動を促進し、調整するものだ。

センターの第一の任務を一言で言えば、「一人でも多くの住宅ローンの借り手に、せっかく購入した家にそのまま住み続けてもらうこと」となるだろうか。

その一方で、住み慣れたマイホームから出ざるをえなくなった人々に対しては、新しい居住者や非営利団体への速やかな転売を支援することで、地区社会の安定を目指す。これで年間一万八〇〇〇人のローン債務者が支援出来るのではないかと期待している。

センターは誠実な仲介者として、サブプライム住宅ローンの借り手、ローン貸付機関、そして最終的な貸し手の間の意思疎通を促すものである。ニューヨーク市の住宅市場はサブプライム問題のダメージが最悪の地域というわけではないが、ここをパイロット地区として試された解決策が、他の地区のモデルとなるよう希望するものである。

メリーランド州でも、住宅ローンの返済が滞っているか、債務不履行に陥ってしまった住宅保有者を助けるための、さまざまな努力が進行中だ。ボルチモア住宅保存連合、そしてプリンス・ジョージ郡における類似の団体が積極的な活動を行っている。経験豊富なカウンセラーの不足という問題もあるが、私たちはさまざまな訓練計画を支援する予定であり、州政府からの援助も見込まれている。

他にわれわれソロス財団に何ができるかは、現在も検討中である。

結論——ソロスは警告する

冒頭でも示したとおり、私が本書を執筆した最大の理由は、自分が長年温めてきた「再帰性」の理論の有効性と重要性を示すことだった。現在の金融危機は、この目的を果たすのに、うってつけだと思われた。均衡理論と、その政治的派生物とも言うべき市場原理主義という現行のパラダイムが、現状を説明するうえでの無力さを露呈したのみならず、そもそも現在の危機についての大きな責任を負っていることも証明可能だからだ。

今ほど新しいパラダイムが必要とされる時代はないであろう。「再帰性」という、私が提案してきた新パラダイムは、これまでその有効性を完全には証明出来ずにいた。「再帰性」の理論は、明確な予測（らしきもの）を生み出すことの出来る均衡理論には、どうしても敵《かな》わなかったのである。「再帰性」の理論がエコノミストによってまともに取り上げられなかったのは、そのせいだ。

だが、現行の均衡理論が危機の予測にも現状の説明にも失敗している今日、世間はそれまで異端的だったような思考に対して、より寛大になっていることだろう。「再帰性」が社会的事象、特に金融市場に不確実性をもたらすという洞察には、一定の承認が与えられるべきである。だが、それには「再帰性」の理論に何が出来るのかということを示さなくてはならない。

そこで私は「再帰性」の理論を駆使して現状を説明し、さらに第七章では「再帰性」の理論にもとづいて私が投資判断を下す過程も日記の形で公開した。私は「再帰性」の理論と長年の金融人生で得た経験（といっても、両者は厳密に区別されるわけではなく、複雑に絡み合っているのだが）により、将来についてさらなる見通しを提供することが可能だと信じるものだ。それは現在が一つの時代の終わりだという、すでに述べた私の考えを正しいとすると、「次の時代は、いったい、どのようなものになるのか」という問いに対する答えの形をとるであろう。

もちろん、未来の形は、現在の金融危機に対する各国政府の政策如何《いかん》によって決まってくるから、この問いに対する断定的な解答は意味をなさない。だが、問題が何であるかを特定して、それに対して適切な政策対応について考察することは可能である。

信用収縮はどのような形で出現するか

「再帰性」の理論を用いれば、新時代がいかなる形をとらないかも、予測可能だ。

まず、第二次世界大戦が終わってから、およそ六十数年間にわたって信用膨張の時代が続いたからといって、今回の危機の後に、六十数年間におよぶ信用収縮の時代が来るというわけではない。バブルは、左右非対称形をとるのが普通なのだ。ただし、それは長い時間をかけて徐々に加速していった成長局面の後で、つるべ落としの崩壊局面が訪れるということでもある。

つまり、現在までの信用膨張に対する修正としての信用収縮は、比較的短期間に完了するものと思われる。住宅価格はすでに一〇パーセント下落しており、来年にはもう二〇パーセントか、それ以上の下落を見せるだろう。ヘッジファンドの借入金返済も、銀行の資産圧縮も同じことが言える。現在の信用収縮ペースは、長くは続かず、せいぜい一年かそこらで完結してしまう可能性が高い。信用収縮の過程の終了時には、何かしら短期的な回復が訪れるだろうが、その際に起こる信用膨張は、私たちが馴れきってしまったものに比べて、ぐっと控え目になるはずだ。

この結論を書いている二〇〇八年四月の時点で、アメリカが不況に突入する事態はほぼ不可避となっている。だが、これがそのまま世界不況になると決めつけるべき理由はない。中国やインドなどにおける経済活力は強靱《きょうじん》なものであり、アメリカの不況、ヨーロッパおよび日本の景気低迷を補ってあまりあるかもしれない。もちろん、経済問題が政治に飛び火し、それが世界経済をさらに悪化させるという可能性も十分にありうる。

また、超バブルが崩壊したからといって、人類がこの先経済バブルをまったく経験しないということも、ないであろう。それどころか、現実にはすでに新しいバブルが生じつつある。ドル離れはすでに長期にわたる一次産品やエネルギーの値上がりをもたらしている。バイオ燃料を促進する法律がアメリカで制定されたことで農産物も値上がりをはじめた。人民元の為替レートの上昇は、中国の実質金利をマイナスにしたが、マイナス金利には資産バブルがつきものである。

〝支配大国〟アメリカの終焉

では、私が「一つの時代の終わり」というとき、それはいったい何を意味するのだろうか？一言で言えば、アメリカが覇権を握った〝支配大国〟として、そして米ドルを主たる国際通貨、準備通貨として成り立っていた相対的な安定の時代が終わりかかっているのだ。政治的にも経済的にも恐らく不安定な時代に突入しつつあるのだろう。その後に新たな世界秩序が生まれることを、私は切に願うものである。

これから何が起こるのかをきちんと認識するには、これまでのところ十分に強調してこなかった「再帰性」の、ある含意について説明しなくてはならない。

人の考え出すことは、すべて何らかの形で誤っているが、その誤りが明らかになるには時間がかかるという「根本的な可謬性」の公準については、すでに述べた。

私はまた、自然科学と社会科学が根本的に異質であることも述べた。その差異の例としては、機械と、人間を部品として組み立てた「社会的機械」とでも言うべき社会制度の間の違いが例としてはわかりやすいと思う。

機械というのは自然の力を活用するものである以上、きちんと作動するには自然法則に従わなくてはならない――分析哲学で言う「適格性」を満たさなくてはならない。発電所は電力を生み出さなくてはならないし、内燃機関は一定の条件のもとで燃料を燃やさなくてはならず、核兵器は爆発によって原子核に秘められたエネルギーを放出しなくてはならない、などだ。

だが、社会制度というものは、必ずしもこれまでの社会の「法則」に従わなくてはならないわけではない。説得であれ、伝統であれ、あるいは強制であれ、何らかの理由で人々が受け入れれば、それで成り立ってしまうのである。社会制度は決して「適格性」を満たすことはない。その社会を構成する人々が純粋な知識にもとづいて判断を下せないからである。どのような体制が出来上がろうとも、それは常に解消されえない矛盾を孕むはずであり、その体制が倒れた後も、何ら連続性のない、まったく異質な体制が生まれるかもしれない。

私がこうして抽象的に語ろうとしているのは、実は私が自分のこれまでの人生において体験してきたことそのものだ。第二章で述べたとおり、私はハンガリーの安定した社会の中流家庭に育った。だが、ナチス・ドイツがハンガリーを征服すると、父が一家の身分証明書を偽造して、かろうじて生き延びるという状況に追い込まれる。ナチス崩壊後のハンガリーでは共産政権が成立し、私はその圧政の始まりも経験した。その後、私はイギリスに渡り、安定してはいるが他所者《よそもの》には冷たいイギリス社会を、まさにその他所者として生きることになった。金融界入りした後は、金融界そのものがこの半世紀間で見分けがつかないほどに変化する過程を間近で目撃し、私はいつの間にか、多少は知られた存在になりおおせていた。

予測がつかない「超バブル」の未来

こうして歴史を振り返ると、時代の移り変わりの激しさに気づかずにいられない。今は、相対的安定期の終結期ということになろうか。現在の社会制度には、とてつもない矛盾があることを私は感じている。それらは別に新しいものではない。ただ、そうした矛盾は不可避なのだ。矛盾のいっさいない社会制度など、未だかつて存在したことがない。

たとえば国際為替だ。どんな為替制度にも欠点がある。固定為替相場制はあまりに硬直的で崩壊しやすい。いっぽう、変動相場（フロート）制は変動が激しすぎる。管理フロート制も変動ペッグ制も、それで押さえ込むはずの問題を、かえって強めてしまう。どんな仕組みを作っても不満が噴出するものなのだ。

現行の国際政治秩序にも似たようなことが言える。グローバル化した経済と国家主権の原則との間には明らかな不整合が存在する。この不整合は、今まさに終わろうとしている時代にも存在していたが、それでもアメリカと米ドルの優位が安定感をもたらしていた。だが、その安定感を損ねるような事件が起きたのだ。ブッシュ政権が実施してきた政策は、アメリカの政治的優位を傷つけ、そして今や金融危機が国際金融体制を危機に陥れ、アメリカ以外の国々は急速なドル離れを起こしている。

私のバブルのモデルに従えば、均衡値から遠く離れた水準まで資産価値が上昇することは、バブル末期に特有の現象である。大概の場合は、その後、バブルを起こした資産の価値は、もっと普通の均衡値に近いところに落ち着く。この点で、一九八二年頃から膨張しはじめた超バブルは、私のバブル・モデルの埒外にあるということになる。というのも、この超バブルには回帰するべき普通の状態＝均衡値というものが存在しないからだ。このため、私たちは通常の場合に比べ、不確実性が大いに増した状態に直面している。中でも最大の不確実性は、アメリカの政府当局が、これから起こる危機にどう対応するかという問題だ。

何度となく指摘したとおり、アメリカは、不況と急激なドル離れという二つの難問に直面している。アメリカの住宅価格の下落と家計の累積債務の巨額さに、国内銀行界の損失と見通しの不透明さが加わって、いずれにしてもアメリカ経済は加速度的に衰退しそうである。この危機に対処しようとすれば、ドルの供給を増やさなくてはならない。

一方、ドル離れはエネルギー価格、一次産品価格、そして食料価格の上昇というさまざまな形でインフレ圧力をもたらしている。物価安定を至上命題と考えるヨーロッパ中央銀行は、利下げには消極的だ。結果としてアメリカとＥＵでは金融政策に齟齬《そご》が生じ、ユーロには強い上昇圧力が生じてしまった。

ユーロは人民元に対しても上昇を続けており、おかげでヨーロッパと中国の間には貿易摩擦が生じている。欧米における保護主義の台頭を先回りして鎮火し、さらに自国の輸入インフレを抑えこむために、中国政府は人民元を切り上げるかもしれない。だが、そうなればアメリカ国内の中国製品の価格が間違いなく上昇するだろう。すでに苦境に立たされているアメリカの消費者は、いっそう酷い目に遭うわけだ。だが、残念なことにブッシュ政権は、アメリカが現在置かれているこの困った状況を理解していないようである。

市場原理主義者に問題は解決できない

最終的に、アメリカ政府は税金を投入して住宅価格を下支えしなくてはならなくなるだろう。それまで経済の悪化は加速度的に進展するはずだ。担保割れした住宅からは持ち主が逃げ出し、金融機関が次々と破綻し、結果として不況もドル離れも悪化する。ブッシュ政権も、経済予測を生業《なりわい》とするエコノミストの大半も、「市場には上向きに正のフィードバックが作用する」のと同様に、「下向きにも正のフィードバックが作用する」という現実を理解出来ずにいる。住宅価格がじきに底を打ち、そこから回復が始まると楽観視しているのだが、底を打つのは彼らが考えているよりも、ずっと先のことだ。

ブッシュ政権は税金投入を渋るが、それは彼らの凝り固まった市場原理主義イデオロギーと、議会に権限を渡すことへの忌避感《きひかん》ゆえである。結局、ブッシュ政権は経済運営の責任の大部分をＦＲＢに丸投げしてしまった。しかし、そもそもＦＲＢは金融システムの円滑な資金の流れを保証する目的で設立されており、金融機関の破綻に対応出来るだけの権限を備えていないのが実情だ。証券大手のベア・スターンズ社を救済し、証券を担保に資金を金融機関に融通するという新政策を実施したおかげで、今やＦＲＢそのものの財務体質が大幅に悪化してしまった。次期政権は、もっとましな対応をするだろうが、それまでは、政策は紆余曲折をたどるはずである。

現実を直視せよ！

私は、本書を今のタイミングで刊行することについても若干の疑念を抱いている。著者である私と読者の間で、利害が必ずしも一致しないと思われるからだ。現在の金融市場は、ほぼ恐慌寸前の状態にあり、誰もが、この先どうなるかを知りたいと思っている。だが、実のところ、私には何も教えられない。私も何が起こるかは、はっきりとは分からないからだ。

私が本当に読者に伝えたいのは、「人間の存在」について、である。

私たち人類は自然の力を制御するようになり、大変な力を手に入れた。素晴らしいことも出来るし、凄まじい被害をもたらすことも出来るのが、今の人類なのである。

だが、私たちは、自分たちの世界をどうやって統治すべきなのかという問いについては、未だに確かな答えを示せずにいる。その結果、われわれは大いなる不確実性と深刻な危機のさ中に生きているのだ。私たちは、自分たちの置かれた状況を、もっときちんと理解する必要に迫られている。不確実性を受け入れるのは難しいことだ。自分にも他人にも嘘をつくことで不確実性という現実から逃れることは大変に魅力的だが、そんなことをしていれば、最後にはもっとひどい困難の中で生きることになろう。

私は、これまでの自分の人生を、「現実の世界をもっとよく理解する」という目的に捧げてきた。本書の中では金融市場に焦点を当てたが、それは金融市場が私の「再帰性」の理論の実験場として、きわめて優れているからである。私が本書の刊行を急いだのは、金融市場についての支配的な誤解のおかげで、私たちが危機を迎えつつあるからである。現在の危機の結果、少なくとも現実逃避よりも現実直視のほうが、どれほど重要であるかが明らかとなるであろう。もちろん、人間には現実を完全に理解することは不可能であるのだが——。

私が「再帰性」の理論が本物の真理であるなどと主張するつもりはないのも、このためだ。究極の真理とは人の手の届かないものであると認め、誤解が歴史をどう動かすかを探究するのが、「再帰性」の理論なのだ。

だが、金融市場が文字どおり大混乱に陥っているときには、人はそのようなことに興味を持たないものなのである。それでも私は、読者が私の「再帰性」の理論に多少は注意を払ってくれることを望まないわけにいかない。そのお礼というわけではないが、本書で私が開陳した金融と経済についての見通しが読者のお役に立てるならば、これにまさる喜びはない。

最後に、読者に対するお願いでもって本書を結びたいと思う。

本書が、私という一個人による人間理解の試みの「最終章」ではなく、人間理解に向けて、衆知が結集される努力の「序章」であることを、私は切に願う。

人類の自然に対する支配力は、かつてなく強大化しているが、そのような人類には、どのような政治体制が望ましいのだろうか？

金融市場を理解するための新パラダイムは、どうすれば旧パラダイムと調和させられるのだろうか？

金融市場の規制は、どうあるべきなのか？

国際金融システムは、どう改革するべきなのだろうか？

地球温暖化と核拡散について、どのような対応が望ましいのか？

どうすれば、もっとましな国際政治秩序を作り上げられるのだろう？

私はこれらの問いに対する答えが知りたい。活発な議論が巻き起こり、そこに私も参加できることを望んでやまないものである。

訳者あとがき

徳川　家広

本書『ソロスは警告する』を最初に通読したときは、正直、面食らった。経済カタストロフィ本は少なからず読んでいるつもりだし、ジョージ・ソロスが今日の金融界でも、異色中の異色の人物だということは百も承知だった。それでも、現在のサブプライム危機を語っているはずの本で「人は必ず誤りうる」とか、「人は世界の一部であるために、世界を完全には理解しえない」などという深遠《しんえん》な文章が出てくるとは、さすがに予想していなかったのである。

だが、訳し終えた時点での感想は「現在進行中の経済危機を理解するには、なるほど哲学的なところまで遡《さかのぼ》らなければならない」というものだった。

金融の本質は、小難しく言えば「異時点間の資源配分」ということになる。金融資産の価値というのは、結局は市場の参加者が未来をどう評価するかにかかってくるもので、すぐれて主観的なものとならざるをえない。そして、市場参加者が未来を予想するときには、決して時代の思潮から逃れられない。ケインズの警句をひねって言えば、〝投資家は知らず知らずのうちに死んだ哲学者の虜《とりこ》〟となっているのである。

となれば、共産主義対自由主義の対決である冷戦の終焉を経て成長し続けた「超バブル」崩壊を読み解くためには、「超バブル」に参加する投資家たちの思想をできるだけ深く掘り下げる必要があることになる。ソロスの哲学的思惟《しい》が、一見突飛《とっぴ》に見えつつも、実はきわめて有効な投資戦略であるのは、このためだ。実際、訥々《とつとつ》とした語り口ではあるものの、それでも金融工学や主流派経済学にとっての痛いところを、きちんと突いている。どれだけ数学的・統計学的に洗練されたモデルでも、それは過去のパターンを未来に向けて延伸《えんしん》しているだけのものでしかなく、直感と経験に裏打ちされた歴史的洞察にはかなわない瞬間が不可避的に出てきてしまう。現に、ソロスは自分の洞察を信じることで何度も市場を出し抜いて、巨富を築いてきた。

知性にはユーモアと余裕も必要だ

そこで注意を喚起したいのが、本書の持つ、なんとも言えない、ひねったユーモアだ。たとえば八九ページの、次のくだりだ。

「ポパーは実験《テスト》が厳しければ厳しい《シビア》ほど、それを克服してなお残るような一般原則の価値は大きいと主張する。(中略) 私は同社 (モーゲージ・ギャランティー・インシュアランス) のビジネスモデルは厳しい試練《シビア・テスト》に十分打ち勝てるほど健全だと判断して、逆に株を買い入れた」

哲学的な命題を、直接株式投資に持ち込む乱暴さである。しかも、「この読みは当たり、私は大儲けすることになった」から、私は「哲学界の多数派以上に、ポパーの方法論に強く賛同する」というのだ。地獄の沙汰ならぬ科学理論の当否も金次第だというわけで、ソロス先生、本気なのだろうか？　それとも……。

こうした、「ニヤリとする」のを通り越して、胃袋の内側がくすぐったくなるような抑えたユーモアは、本書で随所に顔を出す。そして、そこに注目すると、難解な「再帰性」の理論の本質も次第にわかってくるのである。

「再帰性」は、皮肉《アイロニー》の視線なのだ。

「クレタ人のパラドックス」を解決しようとして、ついには「世の中には二種類の命題がある」という、なんともエレガントでない結論に達してしまうバートランド・ラッセルなどは、本人が大真面目であり、しかも自他ともに認める大知性であるからこそ、とんでもなく滑稽な存在である。

それと同じことで、体制科学のお墨付きを得た複雑怪奇なモデルを武器に、金融市場に向かって突進していくノーベル経済学賞受賞者たちと、そんなドン・キホーテぶりを科学的だと誤解して巨額の資金をほいほいと貸し付けてしまう金融機関。そして、いくら精緻化しても、モデルには限界があることを見抜いて、その瑕疵《かし》を明言し、さらには（おそらく）その限界の裏をかいて大儲けをするソロス。図式としては、なんだかイソップ寓話に出てきそうではないか。

そんな本書から自ずと浮かび上がる教訓は？

哲学と歴史を学び、ユーモアと余裕を持とう、というものだ。お偉方や学者先生も、時には誤ることがある。大いに誤ることだってある。だから、権威を盲信してはいけない。それよりは、権威のもととなっている学問を学び、自分なりの理論を組み立てるべく、悪戦苦闘してみよう。そうすれば、いずれはすべてを笑いとばせるだけの胆力が身につくことになる。その胆力こそ、日本人の誰もがあこがれる「本物の知性」という奴《やつ》なのだろう。

「アメリカのGDP一年分が消滅した時代」をどう生きるか

ところで、先日の日本経済新聞に、「全世界主要株式市場のピーク時からの時価総額下落分を合計すると一〇兆ドルになる」という記事があった。アメリカのGDP一年分が消滅してしまったわけで、これは確かに未曾有《みぞう》の危機である。「一つの時代の終わり」という、大げさで陳腐な文句が、たとえソロスの口から出たものでなくとも、恐怖すべき的確さをもって迫ってきてしまう。

本書の読者にも、本書を手にとってみただけの人にも、あるいは書店に足を向けない人にも、等しく危機は襲いかかってくるであろう。その影響が、どれほど深刻なものになるかは、想像もつかない。その際に、危機に呑み込まれるか、それとも危機をバネに、かえって良い暮らしを手に入れるか、人の運命はさまざまであろう。そして、「勝ち組」（嫌な言葉だ）に入ることが出来るか否かの分かれ目となるものこそ、危機を楽しむ余裕、信じてきたものの崩壊を笑えるユーモア、皮肉の有無、ということになる。

それこそが本書を読んで身につくものなのだ。

*

なお、最後になるが、素晴らしい巻頭言を寄せてくださった松藤民輔氏には心からの御礼を申し上げたい。この本の、そしてそれ以上にソロスの世界への導入として、最良の文章だと思われる。また、講談社学芸局翻訳グループの青木肇氏には、本書訳出にあたり最初から最後まで一方ならずお世話になった。氏の緻密《ちみつ》な叱咤《しった》激励《げきれい》なくして、この本がその緊急性を失わずに世に出ることはなかったであろう。感謝の念を記したい。

プロフィール

ジョージ・ソロス【著者】George Soros
金融投資家。ソロス・ファンド・マネジメント会長。1930年ハンガリーに生まれる。ロンドン・スクール・オブ・エコノミクス卒。1956年、アメリカに移住後、証券会社勤務を経て、投資会社（後のクォンタム・ファンド）を設立。以後、世界一ともいわれる運用実績を上げ、今日までに1兆3000億円ともいわれる莫大な資産を築き上げる。1992年には、ポンド危機に乗じて100億ドル以上のポンドを空売りし、莫大な利益を得たために、「イングランド銀行を破産させた男」としても有名になった。自ら設立した財団を通じての慈善事業や、巨額の資金を投じた政治活動にも積極的に取り組んでいる。著書『ソロスの錬金術』『グローバル資本主義の危機』『ブッシュへの宣戦布告』『世界秩序の崩壊』はいずれも世界的なベストセラーとなった。

徳川家広【訳者】とくがわ・いえひろ
1965年東京都生まれ。翻訳家。慶應義塾大学経済学部卒。米ミシガン大で経済学修士号、コロンビア大で政治学修士号取得。主な翻訳書に『ドル暴落から世界不況が始まる』『「豊かさ」の誕生』『中国　危うい超大国』ほか。

松藤民輔【解説】まつふじ・たみすけ
1955年福岡県生まれ。株式会社ジパング代表取締役。明治大学経営学部卒業後、日興證券、メリルリンチ証券、ソロモン・ブラザーズ証券で活躍。1993年に株式会社牛之宮を創設。日本のバブル崩壊を読み切り、投資商品の主役は「ペーパーマネー（株式・債券）」から「ゴールド（金現物）」の時代に移行すると予見、1995年株式会社ジパングを設立。2005年にアメリカ・ネバダ州の金鉱山を買収し、オーナーとなる。世界的な投資家、ファンドマネジャーとも親しく、その豊富な情報と的確な経済予測から、日本を代表するカリスマ投資家に。『アメリカ経済終わりの始まり』など、一連の著作は現在もベストセラー。近著に『わが友、恐慌』。ブログ「松藤民輔の部屋」（http://blog.ushinomiya.co.jp）で連載中。

ソロスは警告《けいこく》する　超《スーパー》バブル崩壊《ほうかい》＝悪夢《あくむ》のシナリオ

2008年9月1日　第1刷発行

著者……………………ジョージ・ソロス
訳者……………………徳川家広《とくがわいえひろ》
解説……………………松藤民輔《まつふじたみすけ》

発行者…………………野間佐和子
発行所…………………株式会社講談社
東京都文京区音羽2丁目12－21［郵便番号］112－8001
電話［編集］03－5395－3808
［販売］03－5395－3622
［業務］03－5395－3615
印刷所…………………慶昌堂印刷株式会社
製本所…………………株式会社若林製本工場
本文データ制作………講談社プリプレス管理部

ISBN978-4-06-214915-0　N.D.C.310　252p　20cm